भारतीय-चिन्तन दृष्टयः
インド思想との出会い
Glimpses of Indian Thoughts

A. ヴィディヤランカール
Anil Vidyalankar
著

中島 巖
Iwao Nakajima
編訳

東方出版

本書を
今は亡き我妻インドゥに捧げる
彼女の四十年にわたる慈愛に満ちた献身のお陰で
私は本書に盛られた思想についてさまざまな考えを
いろいろ思いめぐらすことができた。

目次

セミナー　マインドの発展
1. 人格の構造 …… 7
2. 知覚の形成 …… 13
3. アトミック・マインド …… 18
4. 脳とマインド …… 20
5. 脳と心を制御するもの …… 27
6. 意識の哲学 …… 32
7. マインドの三種類 …… 37
8. 人体の二極とクンダリニー …… 41
9. 継続する進化の過程 …… 46
10. 心に今起きている事態 …… 51
11. 明晰な思考への指針 …… 61
12. 普遍宗教へ向かって …… 68
13. 瞑想の理論と実践 …… 73

講演 1　古代インド思想の現代的意義
1. 古代インド思想序説 …… 83
   - カースト制本義 …… 89
   - 人生の四段階 …… 92
   - 人生の四大目的 …… 93
2. 古代インド思想の現代的意義 …… 95
   - 人間の四類型 …… 98
   - 人生の四段階 …… 99
   - 人生の四大目的 …… 101

講演 2　人間の危機とJ. クリシュナムルティ

1. クリシュナムルティの特異性　　　　103
    - 気の進まぬメシア　　　　104
    - 突然の精神変容　　　　105
2. 教育論の特色　　　　107
    - 幼児からの条件付けに警告　　　　107
    - 権威に対する対決姿勢　　　　108
    - 自由な教育の提唱　　　　109
    - 教育原則：既知からの自由　　　　111
    - 英知の覚醒を目指す　　　　112
    - 瞑想重視　　　　114
3. 個人の精神生活と社会変革　　　　115

講演 3　普遍宗教論序説

1. 宗教なしの人間はいない　　　　117
2. 既成宗教の限界　　　　118
3. 永遠の哲学と普遍宗教　　　　120
4. 宇宙意識と宇宙エネルギー　　　　121
5. 絶対的心の平和こそ神への道　　　　122
6. ヨーガは普遍宗教へ向かう　　　　123
7. 伝統宗教も心の平和を目指している　　　　124
8. 神の直接的体験　　　　125
9. 普遍宗教論要約　　　　126

講演 4　仏陀の真の教えは何か　　　　129

1. 仏陀は宗教改革のみを切望した　　　　130
2. 歪曲された仏陀の教え　　　　132
3. 仏陀は心を人間活動の中心に据えた　　　　134
4. 宗教は論議から離れ、実践を目指すべし　　　　135

　　　　5. 知性的な仏陀の教え　　　　　　　　　　136
　　　　6. 普遍宗教としての仏陀の教え　　　　　138
　　　　7. 自ら自分の光明となれ　　　　　　　　139
講演 5　心の発展のための教育　理論と実践　　141
　　　　1. パーソナリティの三レベル　　　　　　141
　　　　　　　フィーリングと心と身体
　　　　2. 教育における外面重視と内面尊重　　　142
　　　　　　　人間の中心は内面世界
　　　　3. 心の発展のための教育　　　　　　　　144
　　　　　　　自己観察の習慣化
　　　　　　　インドのグルクラム教育
講演 6　人生についての私の見解　　　　　　　　151
　　　　　　　質疑応答　　　　　　　　　　　　154
原典購読　般若心経　　　　　　　　　　　　　　163
　　　　　般若心経原典　　　　　　　　　　　　174
言語論講義 1 人間と言語　　　　　　　　　　　177
言語論講義 2 言葉と意味の関係　　　　　　　　189
言語論講義 3 バルトリハリの言語に関する考察　199
補録 1　ヨーガと宗教　　　　　　　　　　　　　215
補録 2　世界の究極等式　M－L＝G　　　　　　218
補録 3　舞踏王・ナタラージャ　　　　　　　　　220
補録 4　病床での気付き　　　　　　　　　　　　222
補録 5　朗唱マントラ　　　　　　　　　　　　　226
編訳者　あとがき　　　　　　　　　　　　　　　229

セミナー　マインドの発展
1. 人格の構造

　発展は生命の本性である。個人も社会も常に各時代毎の枠内で利用可能な手立てを尽くして発展しようとしてきた。しかし、発展が地球的規模でのキーワードになったのは現代になってからである。既に発展している国もあれば、発展途上の国々もある。言うまでもなく、ここでいう発展とは大規模に多種多様な物的製品やサービスの生産達成を意味している。これらは百年前には夢想だに出来なかったような安全や娯楽を多数の人々に与えるものなので、はなはだ結構なものといえよう。

　しかし、もし今日の「発展」といわれているものが、この言葉の唯一の意義だとすると、過去の社会はすべて低開発社会になってしまう。しかし、それにもかかわらず過去の社会は、これまでの既成宗教の始祖達を含め幾人もの精神的巨人を生み出して来た。

　一方、先進国、発展途上国を問わず、現代社会は個人と社会のレベルで極めて難しい課題に直面している。地域紛争、民族紛争、非常識な商業主義、環境の悪化、青少年問題、アルコール中毒、薬物乱用、方向喪失感、遍満するストレスなど、言いようのない精神的不快現象を誰もが見聞きしている。

　先進諸国には、ありあまる物的資源に囲まれて贅沢三昧の生活を送りながらも、内面的に未熟な人間が沢山いる。一方、物質的に粗末な環境の発展途上国において、精神的に極めて円熟した人物が登場する場合もある。ともかく国家的レベルの発展と、個人一人一人の発展を同一に論ずることは無意味である。

　この問題を別の重要な視点から眺めてみよう。言い古されてきているが、教育の目的は児童の総合的発展つまり肉体的精神的、社会的情緒的な統合的発展を計ることにある。確かに肉体的発達については概念的にある程度まで明確である。しかし、精神的発展となると正確に何を指すのか。どのような心の持ち主を進んだ人間と言えるのか。知

識があって思慮深く経済的にも政治的にも成功している人のことを指すのか。それとも精神的宗教的な目標を追及する隠者の如き人のことを指すのか。この問題について明確な答えはない。しかし、この問題は人間の内面状態に関連して人間の発展を見る点で、忘れられがちな側面のあることを気づかせてくれる。人間の身体的物的側面の発展のほかに人間の内面的成長を含む総合的発展の指標があってもよいのではないか。

確かに外面的発展は、過去における人間の心に芽生えて発展してきた衝動が外在化したものにほかならない。数万年にわたって人間は豊かな物的生活を夢見て、今日ようやくその願望を大方、達成する機会を持つに至った。問題は、我々が今日、発展と称するものが人間の内的衝動や可能性のすべてを尽くしているものかどうか、発展過程には人間の物質的世界の発展ばかりでなく、成長し続ける入間の実存もあると、我々が明言できるかどうかである。

それには発展過程全体、すなわち生命の進化についての総合的なイメージが我々に明確になっている必要がある。それに従って発展過程を計画することが初めて我々に可能になる。物的世界のことのみを知り、それを変容させるだけでは十分ではない。我々は確かに自分自身を理解しようと欲し、自分自身の改善を試みようとさえしてきた。我々はもっと幸福に、もっと健康に、もっと成功したいと思っている。中には魂とか神とか不死なるものを探求し、宗教的修行に明け暮れる人もいる。そうした探求は、いろいろと行われては来ているものの、内的な問題の解決を引き出すまでには至っていない。大抵、ある種の政治的イデオロギーとか流行的ファッションとか、狂信的団体のグルなどに盲従するのが関の山である。その結果、我々を取り巻く環境が予期せざる方向に急速に変化しつつあるというのに、人間としての我々はそのことに適応することも出来ず、よりましな方向に自分を変えてゆくことにも成功せず、ただただ、目前の環境に飲み込まれて行くばかりである。

個人や社会をより良い方向に変えようとする試みがなされていない

わけではない。政治的、宗教的イデオロギーは当にそのことを目指している。しかし、問題は、人間自身が何者であるのかを理解せずに、自分自身を変えようと試みているところにある。機械の場合、故障修理とか性能改善には、先ずその構造と機能を理解しなくてはならない。ところが人間となると、人間とは何かを解明せずに、闇雲に人間を改造しようとする事例があまりにも多い。至る所に混乱が生じ、人間や社会を様々に変容させようとする人々の間で軋轢が起きている。過去百年の間に、激しい闘争が幾度となく繰り返され、あらゆる分野でさまざまな「革命」が起きたが、ほとんどの分野でその全てが有効性を失っている。そうした体験を経ながらも、殆どの人間は以前と少しも変わらず、当惑するばかりである。人間と社会の改善のためには、人格の様々な構成要素とそれら要素の関連性、人間が進むべき方向性を、きちんと理解することが大切である。

人格の構造

人間の中で最もはっきりしている要素は肉体である。それは常に我々と共にあり、我々の存在の最も具体的基本的な部分を構成している。人間の福祉といえば、先ず肉体と衣食住と交通の便宜などに配慮する。子供の成長とは肉体の成長のことだし、発達した社会と言えば住民の肉体的必要を十二分に満たす社会のことである。人間が病むとは肉体が病気になること。肉体が死ねば、人間は死んだと言われる。肉体のない人間は考えられない。

人間の肉体は複雑なシステムである。よし機械だとしても人間が作り出した機械など及びもつかない複雑な機械である。先ず、その構造と機能の仕方をよくよく調べなくてはならない。肉体は環境からの情報を受容する感覚器官を持ち、環境の中で活動するために行動するための道具を備えている。視覚、聴覚、触覚、嗅覚、味覚は外界情報の入力装置であり、手足、舌は行動のための道具で、自分の目的に合うように外界を動かす手段でもある。

しかし、感覚器官それ自体では動けないし、行動の道具もそれだけでは行動指示ができない。そこで肉体とか感覚器官とは別の何ものか

が存在することが分かってくる。それが心（マインド）である。我々の目は見ることを助けてはくれる。しかし、何を見るかを決めるのはマインドである。マインドが動かそうと思うから肉体が動く。マインドが怒れば肉体が打ち震える。マインドが恐怖に襲われると、行動が始まる。緊張も混乱もマインドの中にあるのであって、肉体にある訳ではない。明らかに、マインドは肉体や五官の上位に位置し、何らかの仕方で、それらを続御しようとしている。

マインド（心）の特性

マインドの基本的活動が思考である。マインドは常に何かを考えている。目を閉じて自分の内部に目を移すと、頭の中には何らかの思念や言葉やイメージが絶えず動き回っているのが分かる。考えるのを止めようとしても普通は止められない。目を閉じれば物は見ないで済む。我々は手を休めて行動をストップすることもできる。しかし、心に思考を止めさせることは、普通不可能である。シュリ・オーロビンドによれば、「我々が考えるのではなく、考えが我々に浮かぶのである。」我々の問題の多くは、心が不必要なことを考えることから生じる。J・クリシュナムルティも「思考が唯一の問題点である」と、述べている。ところで、考えが際限なく浮かんできて、とても耐え難い、何とかしたいという気持ちに我々が気付くのは心にストレスがある時だけだが、最近、この問題に気付く人がだんだん増えてきている。普通人だけでなく、哲学、心理学、脳生理学、宗教とか自然科学の分野の専門家までが「心とは何か」という問いを発している。「心に何がおきているのか」と多くの人が思案投げ首である。

確かに、これは我々一人一人が抱えている深刻な問題である。我々は常に自分の心に動かされている。我々は他の何からも逃れられるが、自分の心から逃れられない。心は我々自身なのだ。肉体の部分なら取り換えて、人工的な補助用具を使い、外界情報を取り込むことは出来る。しかし、心は同じようには替えはきかない。それでは心が何であり、どこにあるのか、それをより良い方向に変えていくには、自分に何ができるのか、まだ誰にも見当がつかない。

フィーリング（情感）

しかし、マインドを越えた何者かがあるのである。それがフィーリング（情感）である。自分の内部を覗くと、我々は常に何らかのフィーリング（情感）に包まれていることが分かる。愛情、怒り、希望、恐怖、平静といった情緒や緊張を自分の内部に感じている。明確な情感とは別に、何とも名状しがたい情感も沢山ある。この文章を読む時も、自分はある種の情感の中に浸っている。それらに特別の名称があるわけではない。続いて周りを見回すと情感は少し変わるが、その新しい情感にも名称はない。マインドは思考を生み出すが、思考は、常にある情感に導かれている。空腹を感じると我々は食物を手に入れたいと考える。侮辱されると復讐を考える。野心に燃えている人は、どうしたらより大きな権力や財力を手に入れられるかと考えるであろう。

思考を統御できないように自然と湧いてくる情感も統御できない。情感は考えただけでは変えられない。例えば、意図的に思うだけで、恋したり、怒ったりすることは出来ない。思っただけで、誰かを恐れたり、憎んだり、妬んだりすることは出来ない。我々は自分の中に湧き出してきた情感に気づくだけである。それは丁度、自分の頭の中で駆け巡る思念に気づくのと同じである。

このことは人間の最も重要な要素である**思念と情感**が自分では簡単に統御しにくい力によって支配されていることを示している。人間はこの世界で何事もなしうる全く独立した存在ではない。確かに自分の情感に従って行動することは出来る。しかし、情感そのものは自分を越えたある力によって作り出されているのだ。我々は自分の意識の連続的変容過程として情感を感じ取るだけである。同じように、我々は自分の思念に従って行動することは出来る。しかし、その思念自体は自分を越えたある力によって生み出される。

情感とは意識の変容したものにほかならない。また思念も行動もある種のエネルギーの現れにほかならない。つまり、マインドを支配している力には意識とエネルギーの二側面があるのであって、我々は常にその力の支配下に置かれていることが分かる。

以上の議論から**人格の構造**について次の結論が導き出される。
1. 人間の最も具体的な要素は肉体である。
2. 肉体には外界の情報を得るための感覚器官と外界に働きかけをする行動の道具が備わっている。
3. 感覚器官と行動の道具の背後に、それを総括する機関がある。それがマインド（心）或いは心と脳の複合体である。
4. 人間は心の働きを自分勝手に左右できない。思い通りに思考を停止させたり、自ら情感を作り出すことは出来ない。これはマインドより上位にあって思念を浮かばせ、情感を湧出させる人格的要素があることを示している。この要素は意識とエネルギーという二重の側面を備えている。
5. 以上の状況があるにしろ、人間には絶対的平和、絶対的幸福、絶対的自由の境地に向け、マインドを発達させていこうとする強い願望がある。

マインドの発達をはかるために、人間はこれら諸側面を十分理解し、それらの相互関係と働き方を解明しておかなければならない。

発達した心の特色

以上の議論から、心が発達していく方向について、一応の観念が得られたと思う。少なくも心の発達を願う普通の人達にとってある程度の指針にはなったであろう。

そこで次に発達したマインド（心）の特色を簡明に記しておく。
1. 頭脳に何の混乱も緊張もなく明晰に考えられる。こうした人間は、思考を完全に統御し、自分が欲する時にのみ思考する。
2. 発達した心は感情の統制が万全である。衝動に基づき行動する限り、人間は盲目的な自然の力に屈従していることになる。
3. 外的世界で成功を収めながら、外的世界を左右しているものが、究極的には内的世界であることを知り、自らの内的世界に細心の注意を払う。外的世界に目を向けて科学的技術的真理を知ることは有益であるが、瞑目して自分の内部を観察して心理的、宗教的、精神的な世界の真理を知ることも同じように重要である。
4. 発達した心はこの世界が相依相関していることを悟り、地球上あらゆる生物に責任を感じている。そのような心の持ち主はこの世に留まりつつ自らの生活改善に努め、明朗にして超然、責任ある態度で社会の進化向上のために尽そうとする。

人格と心

この問題に興味を抱く人は、自分なりに自身の本性を探り、より高い境地に自分を高めて行きたいと考えているもしれない。あるいは、恒常的な幸福といった境涯を求めているのかもしれない。あるいは、思考や社会の絶えざる圧力を回避したい、と思っているのかもしれない。あるいは、不安や死の恐怖から逃れたい、ともがいているかもしれない。

心に関心を持つ動機が何であれ、自らの内的世界は自分自身でしか変更されえないことを、我々はしかと悟らなければならない。他の人にできることは、指針を与え、時たま手助けすることぐらいである。強い変革への欲求は各人の内部から自ずから湧き上がるものであって、自分自身に対する責任感と積極的態度が必要なのである。

心の発達は、体育教師の指示に従い、特定筋肉を発達させるのとはわけが違う。心の進化のためには全面的に異なる哲学と人生観が必要なのである。自分の生活に完全な責任を持ち、自らの判断で最良の道を選択して歩まなければならない。そして初めて心と脳と意識がより高いレベルに向上する機縁が熟していくのである。

2. 知覚の形成

心の性質の検討に先立ち、少し奇妙な質問をしてみる。「人間の身体の中で人間本体の大きさはどれくらいか。」まず手足は人間の本体部分ではない。手足が無くなれば、身障者にはなるが、人間でなくなるわけではない。本当の人間が存在するところは明らかに頭脳に絞られてくる。そこは確かに自分がいると思えるところであって、我々の意識の源泉のようである。そこで次の質問。

「人間は一時点で外的世界をどれだけ知覚できるか。」 同時に沢山見えると、言えるかもしれない。しかし、少し考えてみると全部を同時に一緒に見ているわけではない。例えば、家を見ている時に、その背景にある空を同時には見ていない。我々が自動車の1個

の車輪を見ている時には、他の車輪は見ていない。この文章の最後にあるピリオッドを見ている時点では、世界の他のものは見ていない。我々はある時点において、ある特定感覚器官からの入力しか受け入れていない。我々が見ている時には、我々は聞いていないし、我々が味覚で何かを味わっている時には、我々は同時に別のものを触覚で感じ取ることは出来ない。

　我々はある特定時点である事物のごく限られた部分しか見ることができない。その他の部分は推論している。テーブルの上部だけを見て、テーブル全体を推論する。都市のごく一部だけを見て、都市全体を見たように思う。群衆の中に友人の顔をちらりと見ただけで、友人がそこにいたと考える。つまりごく小さな部分から全体を推論している。しかし、それを知覚した時点で、その全体はそれとは別の何か別のものを推論する部分になる。そしてこの推論の過程は果てしなく続いていく。我々はある鉄道の駅にいる。そこで我々は待っていた鉄道がやってきたと思う。次に、我々は出迎えに出た友人の顔をちらりと見る。すると、その彼が家族と一緒にそこにいると推論してしまう。実際、我々はある物体や事象の全体を直接知ることは出来ない。こうしたことは常に推論する事柄なのである。そこでフレデリック・バーレットは「きわめて基本的な知覚にも推論構成という特性がまつわりついている」と述べている。

　物体の知覚では我々は物体の輪郭と色彩だけを見ている。どんなに大きくても色の塊であれば、一瞬に見て取れる。その中にそれ以上の知覚作用を要請するような区切りがない場合はそうなる。　例えば、大きな壁がペンキで塗られ、一色の光で照明されていれば、その全体は即座に知覚できる。もし空が全部青ければ、空全体は一瞬にして見て取れる。我々の視覚的知覚は様々に異なる色と形の切れ端がつながった総体なのである。これまで訪れたことのある都市を思い出してもよい。様々な色や形の入り混じったものが次から次へと頭の中に去来するであろう。我々が外的現実的世界と言ってい

るものは、我々の心が過去の経験を通して積み重ねてきた映像の集積にほかならない。

　部分と全体の関係は複合感覚にもついてまわる。ある感覚器官からの入力は別の感覚器官に関連する事象を想起させる。何か燃えているきな臭さを嗅ぐと、そのものを我々は想像力で「見て」しまうかもしれない。背後から知っている人の声がすると、その人が背後にいると思ってしまう。我々の生活というものは、そうした知覚と我々の知っている人の声がすると、その人が後ろにいると我々は思ってしまう。我々の生活は、こうした知覚と想像力の複合機構が絶えず働いて成立している。知覚は想像力を喚起するのに役立っている。幻想が起こる場合や独りで自問自答する時に、想像していることが知覚と同じくらい鮮明である場合がある。

　知覚に錯覚が生じるのは、小さな感覚的刺激でも状況が違えば別の対象物を推論させるからである。よく知られた事例であるが、縄を蛇と取り違えるのもこれである。知覚における錯覚は現代心理学ではよく取り上げられる研究対象である。周知の錯覚の事例は、知覚するマインドが以前それと同じ知覚をした時の記憶を引きずっていて、その順序でマインドが動いてしまうからであって、これが感覚的データを誤認することにつながって行く。これを明らかにするため、次に幾つか事例を挙げてみよう。

図 2-1

A　　　　　　　　　　　B

AとBにおける二つの図の中心に描かれた円は同じ大きさなのに、B図の円の方が大きく見える。Bでは中心の円がそれより小さな円と比べられているのに、Aではサイズは同じでもより大きな円に囲まれているために小さく見えてしまう。この場合、マインドには前の記憶がある。そこで中心円はそれ自体として見られず、その周囲との関係でみられてしまうからである。

　次に、図2-2を見て欲しい。これは白地に黒い十字架があるのであろうか、それとも黒地に白い十字架が描かれているのであろうか、どちらであろうか。どんなに目を凝らしても、マインドの動きによって着目点が絶えず動いてしまい、その図の解釈が一つにまとまり切れないことが分かってくるであろう。

　　　図2-2

次に図2-3と図2-4を見てみよう。

　　　図2-3　　　　　図2-4

 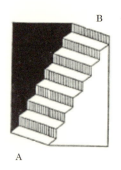

図2-3で立方体は何個あるか。その数は注目点を変えると、変わるのではないか。次に図2-4を見ると、AからBへ行く場合、常に階段を上がるように感じられるであろうか。それとも注目点が図の一部から他に変わると、そうとも言えなくなるのではないか。

つまり我々が見ているものは、世界に実際あるものとは異なる。感覚器官から提供されるデータと我々の心の連動の仕方によって、それは変わってしまうのである。

　大雑把な言い方だが、我々の知覚の 99 パーセントは推論と想像から成り立っている。しかし、推論と言っても、大前提と小前提、それから結論が来るといった古典的な論理学に出て来るような型（例、全ての人間は死を免れない、ソクラテスは人間である、従ってソクラテスは死を免れない）といった型のものではない。知覚における推論は全て非言語的である。ある建物から煙が出ているのを見て、我々は言語の干渉を受けずに、即座に建物が燃えていると推論してしまう。顔つきを見るだけで状況等を論理的に分析することなく、我々は悲しんでいるのか、嬉しいのかを忖度してしまう。

　実際の知覚が常に、ある物体なり人間の極小部分に限定されるという事実に関連して、インド哲学のスポータ（*sphota*)の理論では、一切の知覚活動は心の中に類型印象を形成すると考えている。二つのテーブルなり樹木は、全く同じではない。我々がテーブルあるいは樹木を見ていると言っても、テーブルそのもの、あるいは樹木そのものを実際見ているわけではない。我々はその類型だけを見ている。個々のテーブルなり樹木からの知覚がその類型の知覚を生起させる。バートランド・ラッセルも、その著「人間の知識」の中で我々はある対象の類型だけを知覚し、対象それ自体なるものは決して知覚しないという理論を提起している。

　インド哲学のニヤーヤ派の主張では、知覚の最初の時点で知覚対象は何らの属性も持たず、物それ自体しか見ていないのだという。視覚、サイズ、形態、場所など物に関連した属性は、その後の段階においてマインドが動くことによって形成される。もし我々がこの動きを停止できれば、物それ自体が見られるという。

　（この見たところ極めて純理論的な議論がマインドの発展に深い実用的意味があることがいずれ分かってくるであろう。）

　以上のような考察から古代インドの哲学者は、人間のマインドは世界をあるがままに見ているだけの受け身の受容機関ではないと、結論

したのである。マインドは常に能動的主体として、感覚器官と交流し、その関心に従って、入力の意味を解釈している。外界の知覚なるものは我々にそのように見さしめているマインドの動きに依存している。世界の性質を知るには、まずマインドの性質を知らなければならない。

3. アトミック・マインド

　ヴェーダの時代、五千年以上の昔から古代インドの哲学者は人間のマインドの働き方について特別の注意を払ってきた。彼らはマインドを理解するだけでなく、マインドを発展させるために真剣な努力を傾けていた。マインドが動いてやまないものだという事実は、よく認識されていて、それを鎮めるために様々な行法が編み出されてきた。マインドが一時に一つの感覚器官を経由してきた刺激しか受け入れないという事実の発見に基づき、古代のインド哲学者は、マインドが極微粒子としての特性を具えているものと考えていた。この理論はインド哲学のニヤーヤ・ヴァイシェーシカ学派で唱導されていた。

　微粒子であるため、マインドは一時に一つの感覚器官だけにつながる。つまり人間はある時点では特定の感覚器官からの情報しか知覚しえないという結論になる。同時に二つの感覚器官を意識的に統御しえないという認識が徹底されるようになった。例えば、我々は手を使っている時には、足に十分注意を向けることが出来ない。一つの手指を意識的に折り曲げている時は、同時に意識的に他の指を曲げることが出来ない。

　西洋の哲学者と同じく、インドの哲学者も全て外界の情報は五官により視覚、聴覚、触覚、味覚、嗅覚を介して受容されるということを認めている。これらの器官はジュニャーナ・インドリヤスと呼ばれる。

　一方、他の学派ではカルマ・インドリヤスと呼ぶ五つの行動器官を認めている。即ち、手、足、口、排泄器官、生殖器官のことである。こうした観念は、人間は一連の入力器官を経由して、外界情報を獲得し、一組の行動器官を通じて外界に働きかける、ということを示している。

アトミック・マインドの仮説

　アトミック・マインドは知覚器官と行動器官の双方の性格を兼ね備えていることになる。そこでアトミック・マインドを二重的性格の十一番目のインドリヤと呼ぶこともある。

　脳は異なる感覚器官からの情報を受容すると然るべき手段を通じて行動を起すよう指示を与える器官である。知覚器官と行動器官は脳内で連結されている。インド哲学ではマインドが両器官を仲介する因子とされてきた。マインドが機能する場は当然脳であると考えられる。知覚器官と行動器官の働きは求心的ならびに遠心的神経組織として、今日、電気的化学的活動という観点から説明されているところを見れば、インド哲学でいうアトミック・マインドなるものは、五官からのデータを解読し、行動指示を行う脳内活動電気的微粒子と想定してもよかろう。

　電気的微粒子たるアトミック・マインドには一定の電荷があり、感覚的刺激に反応し、連結している運動器官にその影響を与える。マインドは電気を帯びているので静止することなく常時、頻繁に一つの器官から別の器官へ素早く切り替えて活動し続ける。感覚器官が同時に作動しているように見える場合でも、実際には、その活動は継起的で前後関係がある。インド哲学では、知覚が同時的に起きるように見えるけれども実際は、継起的に起こっていることを示すために、火の輪の譬えを持ち出すのが常である。

　（注：人により、アトミック・マインドが不快を起すほどの速度で動き回り脳に耐えがたい緊張をもたらすことがある。大学で近代物理学と古代インド哲学を併せ履修していた頃の筆者の状態がそうであった。マインドが極度に不安定な段階にあり、自分としては、ある種の電気的粒子が頭の中を無制限速度で廻っている感じがしていた。物質のアトミック構造とインド哲学のアトミック・マインドの説を組み合わせながら思索を続け、両者の間に、何らかの相関性があるのではなかろうか、と思い始めた。その後、数年して一貫性ある思想がまとまり始め、本書執筆の基礎が整うことになった。）

アトミック・マインドは電気的粒子の如き性質を帯びてはいるが、物理学でいうアトムとは異なる。近年に至り相ついて発見されつつある原子的構造の因子のようなものである。
　粒子状マインドという観念は西洋では知られていないが、ただ、ベルグソンにならい、C.D.ブロードは次のように述べている。
　「脳神経組織の機能は、各時点で放置すれば無制限に流入してしまう無関連情報を締め出し、組織が混乱しないように組織を守り、実際役立つ僅かな精選情報のみを保持することを目指している。」
　オルダス・ハクスレイ曰く。
　「マインドは、脳と神経組織の減圧バルブを通じてエネルギーを放出する。そのバルブの端からごく僅か漏出するのが意識である。ただ、その流れが地上の我々の存在を可能にしてくれている。」
　上述の議論だけから、マインドを脳内に鎮座する微粒子としてみなす正当性は出てこないかもしれない。しかし、マインドは脳内で五官からの入力情報と行動器官への出力情報の調整器として機能している。そこで、脳内でアトミック・マインドがどのように機能するのかを、次の節で見ることにしよう。

4. 脳とマインド

　人間は世界の神秘を自らの頭脳を使って解明しようとしてきた。その頭脳自体が世界最大の神秘なのである。多くの科学者が頭脳の機能の神秘に挑戦している。その構造を詳細に分析する研究もある。脳とマインドの関係についての研究も大分進んできたが、その神秘はむしろ深まってきた感がある。
　マインドと脳の関係を理解する上での最大の難点は、西欧にはマインド(心)について明確な概念が存在しないことである。マインドは単純な知覚活動に始まり、精神的悟りにも関連して使われてきた。「宇宙の心」とか「神の心」について言及する学者もいる。しかし、そのような漠然たることを前提としては、マインドと脳との関係について有意義な議論がとてもできない。インド哲学には、心につき明確な概念規

定がある。そこで、それに従いマインド（心）とは脳内を高速で動き回る電気的微粒子であるとしておく。

　機能的観点から見ると、心は、１．脳に情報を入力する、２．入力情報を脳で処理する、３．処理結果を命令として身体に伝達する、と言った脳における入出力情報の調整処理者である。我々の理論から言っても心は人間にとって最も重要な実体である。心は脳の中でしか機能しえないので、我々のマインドがどのように働くのかを、よりよく理解するために、先ず脳の構造を知らねばならない。

脳の主要三部位

　先ず、脳の構造とその機能について特徴的なことを見ておこう。人間の脳脊椎系では、局所活動は下部センターとしての脊髄神経節によって統制されている。このシステムの上部機構としての脳は、大きく三つの部分から成り立っている。先ず脳幹、次に大部分を占める大脳とその背後にある小脳である。脳幹の下部には、延髄、橋という神経中枢がある。これらの構造は意識や意志の活動とは異なる自動制御機構である。これらはさまざまな器官の活動を全体的に調整している。例えば、自然の呼吸や心臓機能を統御している。小脳は全身の複雑な運動の調整機能を担当している。一般的に意識的な身体活動や意識的行為は大脳に発する。大脳は左脳と右脳という対になった連結した半球から成り立っている。右脳は身体の左半分、左脳は右半分の統制をおこなっている。

　大脳の中心部には発生的に大脳皮質の最も古い部分がある。それが人間では本能や情動の中枢となっている大脳辺縁系であって、かつては旧脳と呼ばれていた。この古い脳とは別個に新しい脳と呼ばれている部分があり、そこは推論や価値されにはもっと知的で人間独特の特質に関わっている。

脳の神経組織

　脳はニューロンという神経細胞とそれを被覆するグリア細胞から成り立っている。脳のニューロンの数は進化の過程で増大し、人類に至って数百億個以上に発達した。ニューロンは一個一個生きている細胞

である。ニューロンには、特殊な化学物質と遺伝情報を含む細胞体と神経インパルスを伝達する長い軸索とインパルスや情報を受容する樹状突起などの部分がある。インパルスがニューロンからニューロンへと伝達される接点において各ニューロンの樹状突起と軸索は厳密に言うと相互に直接接触している訳ではない。アウトプットゾーンである軸索の終末分枝とインプットゾーンである樹状突起との間にはシナプスという極小の間隙があり、そこでは電気インパルスによって化学物質が放出されて、その間隙を情報が流れて行く。個々のニューロンは場合によっては数百あるいは数千のシナプスを持つことがあるので、こうしたシナプス連結は脳の中に数兆個も存在することになる。複雑極まる脳の活動即ち新しいことを学習したり新しい概念を作りだしたりすることは、これら膨大なニューロンとそれら相互の無数の連結網に依存している。ニューロンは独自の電気的興奮を作りだしたり、あるいは他のニューロンから受け取った電気的インパルスを伝達したりする。

　脳には特定の機能にきちんとした決まった領域が割り当てられている。脳の後頭部には視覚野があり、そこで視覚情報が処理される。大脳皮質の両側にある側頭葉は聴覚に関わる。頭頂部は皮膚感覚、筋肉や関節からの感覚を処理している。感覚器官から伝達される電気的インパルスにより特定の感覚野が興奮し、その時点における感覚的体験が起こる。しかし、微小電極を脳の特定部位に差し込んで電気インパルスを与え人為的に興奮させても、同じような結果が得られる。つまりそうした興奮が関連器官から正常入力によるものと誤認してしまうのである。視覚野の興奮は視覚として認知され、側頭葉の興奮は音声の印象をもたらす。それらの部位がそこに埋め込まれた極微電極によって興奮すると、昔体験した事件が「まざまざと見えたり」、あるいは子供の時分に耳にした歌が実際に聞こえるかもしれない。

脳の中心部

　大脳の両半球の内部には側脳室と呼ばれる空洞がある。左右の脳室は第三脳室と呼ばれる中央の空洞で繋がっている。これらの脳室の空

所は橋と延髄を介して脊髄までつながっている。脊髄や延髄とか橋の内部は空っぽで、これらの部分をつらぬく連続した空洞や脳室は脳脊髄液で満たされている。脳室から脊髄までつながる中空部にはニューロンが存在しないことに注意しておくこと。

　大脳中心部の第三脳室の辺りは間脳といわれ、人間の感覚や筋肉、情動の作用を統御する上で重要な個所である。先ず第三脳室の両側、つまり脳幹頂部の両側には視床がある。両視床は卵形の灰白質の塊で、視床間橋と呼ばれる神経線維路で結ばれている。

　ここでは感覚器官から大脳皮質に流入する情報の主要な統合役を果たしている。さらに、視床と脳幹の間に視床下部、下垂体、松果体などがある。

　視床下部は親指の指先大で、14グラムくらいの小さな領域でありながら、体温調節、食欲、渇きの制御、血圧、性欲、睡眠など本能による無意識的な自動制御的統制を行っている。また下垂体は他の身体の内分泌腺に影響する二種類のホルモンを分泌している。

　松果体は脳幹の下方に突き出した松笠のような腺で光線に敏感な腺であり、第三の眼の痕跡化したものとも言われている。大脳中心部には、間脳の他に大脳基底核と大脳辺縁系と呼ばれる構造がある。前者は脳底にある神経結節であって、大脳新皮質から脳幹と小脳に送られる運動情報を中継し身体運動の統御を助けている。

　一方、後者の大脳辺縁系は新皮質に対して旧皮質といわれる古い脳で脳幹を囲むようにして、一対あり、情動を統御し記憶に関わっている。

　最近、脳幹の奥深く延髄から中脳に至る網様体の機能が注目されている。これは小型の神経細胞と神経線維の密集からなり、意識の統御を行う。

　中でもここから発し視床下部を経由して大脳辺縁系に入り最終的に大脳新皮質に達するA10神経が快感を刺激することで脳全体の活動レベルに影響を与える系として特に注目されている。

図 4-1

脳の断面と機能

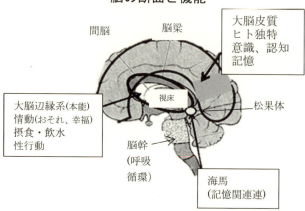

図 4-2

脳脊髄系の中空部とそれを満たす脳脊髄液

A. 脈絡叢(脳性髄液分泌突起密集団)
B. 側脳室
C. 第三脳室
D. 第四脳室
E. クモ膜下腔(脳脊髄液の循環路)
F. クモ膜下腔
G. 静脈洞(使用済み脳脊髄液運搬溝)

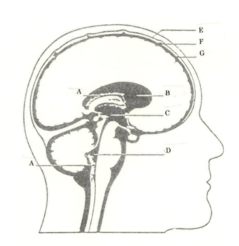

脳内を動く電極

我々の理論ではアトミック・マインドは電荷を帯びた微粒子である。一方脳の様々な部位は小さな電極を差し込まれると興奮することが分っている。アトミック・マインドは電荷を帯びながら脳内をあちこちと動き回り、いろいろな部位を絶え間なく賦活して回る一種の電極であると見なすと、心と脳の関係が極めてよく理解できるであろう。

十分に強い感覚的情報が脳に入力されると、アトミック・マインドは脳の関連部位に至り、それ以前の体験と照らし合わせて、情報を処理する。心は脳へのさまざまな入力情報から新しい連合を作りだして我々の日常生活の世界を作りだす。例えば、我々の知覚なるものも、脳内における感覚とアトミック・マインドと記憶装置などの共同作業の結果出ある。想像はアトミック・マインドが外部世界からの入力情報に依らずに、脳内を動いている時の作用と言えるであろう。

感覚器官からの情報データは中立的なもので特別の意味があるわけではない。アトミック・マインドが動くことで作りだされた観念連合と当該部位の興奮からマインドはデータに意味を付与する。例えば、外部から耳慣れた声を聞くと、我々のアトミック・マインドは過去の体験とそれから作り出された連合に基づいて視覚野に飛んで行き、そこに友人の心像を結ばせる。

こうしてアトミック・マインドの動きによって感覚的な入力情報に「意味」が与えられる。イメージによる連合作用がなければ、入力情報も無意味な音声に留まるほかはない。もしマインドが全く静寂な状態のまま、つまり脳内を全く動くことなく物事を眺められれば、我々はそれにまつわる意味とか解釈を付与することなく物それ自体を見ることになるだろう。

脳脊髄系の進化

様々な生命を研究してみると、神経組織の変化には、ある種の推力と方向性が見られるようである。簡単に言えば、進化は尻尾の方から上方に向けて進んだようである。脊椎動物では神経節は全てこの線上に順序立って配列されている。生物において頭脳構造は最も遅く進化

してきた神経節にあり、最初に発達した神経節から最も離れたところにある。神経節にはそれらを結びつける神経や脊髄系統が走っている。そこでアトミック・マインドが動く電気的粒子であるとすると、神経系統はアトミック・マインドが一方の端から他方の端へ容易に動けるように配置されていることが分る。

　この仮説は、脳脊髄系の発展を別の観点から特徴を見直すと、更によく頷くことが出来る。脳脊髄系は「神経管」として進化してきており、この系の基本的な形は変わらない。管の内部は脳脊髄液で満たされている。脳脊髄系を上下するアトミック・マインドの運動を助けるために、網様体神経が脳の中心から脊髄まで届く形で存在している。

　生物は単細胞生物として進化し始める。この進化の過程の最初の小さな生命体にも生存欲は存在していたであろう。あらゆる生物が同じ基本的な生命的衝動を充足させようとして行動しているのを見ると大変興味深い。

　顕微鏡でアメーバを観察すると、次のことが分る。先ず生まれ、偽足を出して周囲を探索する。食物を見つけると摂取して、滓は排泄する。成長し休息し、さらに多くの食物を摂取し、さらにもっと成長すると二つに分裂して、その過程で死滅する。人間男女の活動を見ても、表面的形態は非常に異なるにしても、こうしたアメーバと基本的には同じことをしているということが分る。人間の探索欲は食物の探索に留まらない。成長欲に促された探索欲は学校、図書館、研究所さらに月世界にまで人間を駆り立てている。この探究活動は次第に内面世界にも向かい、自分自身の内に何が起きているのかという問題に関心が向けられるようになってきている。

　脳を肉体内の独自世界と見做し、独立的に扱うことが普通である。脊髄を含め肉体のその他の器官は補助的な役割しか演じられないのではないかとさえ、考えられていた。しかし、我々の理論では、脳脊髄系の上部は、食物を見つけたり成長したり、種族を殖やすために効率的に外界を探索し、容易に移動できるよう生命体を助長する方向に向かって徐々に進化してきたように見える。生命体の探索機能は脳によ

って担われてはいるが、満たされるべき基本的欲求即ち、食欲、睡眠欲、性欲などの座は脊髄下方部に位置している。この理論によると生命体の最も基本的機能は上方ではなく下方に位置することになる。脳脊髄系はあくまで一つの一元的な全体的機構と見做すべきものである。

　アトミック・マインドの仮説からすると、マインドの真のホームベースは脊髄下部にあると言える。ある欲求を満たすべく周囲を探索し、目指すことを達成しようと身体を動かすために、マインドは脳に上がって来る。マインドは脳をいわば外界を眺める潜望鏡、記憶装置、地形図、計算機として使用しているのであって、目的が叶えばまた脊髄の下方に引き籠ることになる。

　脳の構造についての知識はマインドの動きを理解する上で、大変役立つが、この知識を持つだけでは、マインドの働き方を実際的に統御するにはあまり役立たない。そのためには、我々は脳の働きを「内面的に」理解し、自らの脳に今何が起きているのかを知らしめる必要がある。特に我々としては、自分の心や脳を落ち着かせるために、何をしたらよいか、をはっきりさせておかねばならない。

　次節では、なぜそうなるのかを、しっかり見ていくことにしよう。

5. 脳と心を制御するもの

　我々が直接知覚するのは脳内で起きていることなのだ、という観点から理解を進めていくことにする。

　（脳を自分で客観的に観察できる人はいない。脳が四六時中行っていることは主に言語を生み出すことである。目覚めている限り脳内では何らかの言語が常に去来している。この言語の湧出という一般的現象を通じて、心と脳の働きを検討してみよう。言語は元来心と脳の活動の反映であり、言語のあらゆる側面は心と脳の機能に直接的に関連しているに相違ない。ここでの言語に関する議論には思考過程も含まれる。何故なら思考は脳の内部言語の発生と定義できるからである。）

　言語についての基本的事実は、言語が物でなくて過程であるということである。言語における名詞は、物を指示しているような印象があ

る。言語という単語自体もその例外ではない。例えば、川という単語は、雨、風、鼓動、会話、旅行という単語などと同じく過程を示している。それなのにこれらの名詞があたかも明白に規定された実体を示すが如く扱かわれている。川は流れ続ける限りにおいてのみ川である。ダムが出来上がった途端に川は湖になってしまう。雨は降り続ける限りにおいてのみ雨であり続けられる。同じように言語は誰かがそれを使って話をしたり考えたりする限りにおいて言語であり続ける。現代の日本語がどのようなものか、知ろうとすれば、日本人が話したり、書いたり、思考したりしている現場における日本語を観察しなくてはならない。辞書や文法書は必要だし役に立つが、生きている言語との直接的接触を可能にするわけではない。言語を知るにはその言語の流れの一部になることが必要なのである。

　あらゆる過程は人間的観点から二つの範疇に分けられる。
　１．ハプニング（出来事）　　２．ドゥーイング（行為）である。
　ハプニングとはそれに対し自ら手出しすることができず、ただ、眺めるだけの過程である。銀河や惑星が軌道を回ること、雨降り、心臓の鼓動などはハプニングである。ドゥーイングは自ら意識的に行い制御できる過程である。食べることはドゥーイングで、食物の消化はハプニングということになる。

　この観点から言語過程を検討すると、この過程の小部分だけがドゥーイングで、大部分はハプニングであるということが分かる。人間は必ずしも常に話すために言語を使ったり、言語で意識的に考えたりしているわけではない。言語は脳内でほとんど常時湧き出していて、言葉として外に発せられるのは時たまのことに過ぎない。ともかく言語は自分で欲しようと欲しまいと脳内で起きている現象である。心臓の鼓動のように、通常は自分では手の付けられない脳の脈動である。言語は言葉という形式での自然発生的な頭脳エネルギーの流動現象とみることができる。

　言語とは、人間によって発明された道具であるという見解が広く流布しているので、そう言うと当たり前のことを改めて提唱しているか

に見える。例えば、著名な文芸評論家 C.D.オゲデンと I.A.リチャーズは、「言語は我々が所有する最も重要な道具である」、と述べている。しかし、その命題を詳細に検討すると、言語の場合は全く事情が異なることが分かってくる。先ず第一に、道具と言えば、何か仕事をする時に取り上げ、要らなくなれば脇に片付けられるものである。しかし、言語はコミュニケーションのためであれ、思考のためであれ、使いたくない場合でも脇に片づけておくわけにはいかない。使いたくなくても、言語は常に脳内で動いている。第二に、道具の場合、素材により一定限度まで常に改良することが可能である。しかし、言語の場合、何らかの「改良」には極めて厳しい限界がある。例えば、「甘い」という単語は数千の甘さの型を指示している。友情とか愛情という単語は、社会主義とか民主主義、魂とか神といった単語と同じように、異なる人々には異なる事柄を意味する。そしてその意味を正確にする方法は全く存在しない。道具の場合、それで何かする以前は手元に持っていられる。しかし、言語の場合そうはいかない。人間は先ず言語のない状態から出発して、それを使って仕事を始めるべくおもむろに言語に手を伸ばし、取り上げるわけにはいかない。同時に言語について特徴的なことは、言語は使われてしまった過去形でしか研究できない現象で、使用中の現在形もしくは使用以前の未来の段階では研究できない点である。我々が言語に気が付くのは、既に話した後か、考えた後であって、これから話そうとする、考えようとする段階ではない。

　（このことは心や脳についても当てはまり、我々が分かるのは、既に行われたことだけで、これからする活動は分かりようがない。）

　如何なる観点から言語現象を眺めるにしても、言語現象はそれが起きている脳の持ち主からは分離しえない。人間は脳を使って言語を使用しているのではなく、人間の計らいを越えて、脳内で言語がひとりでに振動していると言ったほうが実情に近い。ヴェーダでは、言語が人間を使っているのであって、その逆ではないというような見方をしている。こうした言語に対する見方は、我々の人生観、世界観にコペルニクス的な変化をもたらすであろう。

「人間は脳によって考える」また「我、考えるが故に我あり」という命題に見られる「考える人」という人間像は、人間たりうるための前提条件たる「考える」行為からも、人間は離脱できる、となると、大きな変容を迫られることになろう。同時に、最も新しい科学的宇宙観を含め、人間の宇宙に対する見方も、無言語の観点から言語を扱うことにより、大きく変わらざるを得ないであろう。
　言語現象を研究すると、心と脳の機能が非常によく分かってくる。実際、心と脳を研究する最良の方法は、そのスイッチを遮断してみることである。つまり、言語やイメージが出てこないような状態に、心を誘導して行くことである。コンピュータや機械の動き方を理解しようとして、運転中の時だけ、それを観察しても、理解できるものではない。そのスイッチを切ってみなければならない。そうして初めて正しい研究ができるであろう。同じように、心と脳を客観的科学的な仕方で理解しようとすれば、心と脳を鎮めたいと願ったその時点で、この二者を完全に静かにさせなければならない。これは言うは易くなかなか実現しがたい命題である。というのは、そのことが自ら誇りに思っている、考える存在としての人間の実存そのものへの挑戦となるからである。そこで言語現象の理解に役立つ例え話を取り上げてみよう。
　一部屋に幽閉された男の話である。彼はそこから外へは出られないが、小窓を通して外界の人達と話をすることは出来た。ある日のこと、その部屋の屋根から金貨が降り始めた。お金は必要なので、これは慈悲深いある神様からの突然の贈り物と考えて、彼は最初のうちこそ嬉しく思っていた。彼はその部屋の小窓から金貨を出して食べ物や日用品を買っていた。屋根からもっと金貨が降ってくれないかと思うだけでたちまちその願いは聞き届けられた。屋根からの金貨はまるで一筋の流れのように流れ込んでくるので、彼はすっかりそれに満足していた。彼の金銭欲に比例して、金貨はどんどん降ってきた。やがて彼は非常に裕福になり、自分の超能力でどんなに儲けているかを吹聴し始めた。彼の欲望が増えれば金貨の流入も大きくなり、神様はますます気前良くなるようであった。
　その内に屋根から降ってくる金貨は使い切れなくなり、部屋の至る所に金貨の山が出来始めた。時が経つにつれ部屋は大量の金貨で塞がり、やが

て足の踏み場もないほどになった。それでも金貨の流れは止まず、彼の頭や顔に金貨が当たり始めた。そこでさすがに強欲な彼の心も千々に乱れ恐れおののくようになった。その恵みを辞退したいと神様に懇願しても、聞き届けられず、最初は贈り物と喜んで受けていたその金貨の山に彼は呑み込まれそうになってしまった。

確かに、我こそ、屋根から降り来たれる金貨の受け手、使い手なりと、宣伝したこと自体がそもそも誤りであった。自分の目的にかなっていたので、彼はその金貨がどこから部屋に落ちて来るのか知ろうともしなかった。

ところで大概の人達にとって言語生活なるものは、これと全く似た状況にある。言語の源泉がどこにあるかを知ろうともしないで、ただ言語を使うことで満足している。しかし、脳内の言語圧力が耐え難くなってくると、この比喩の意味が次第に明瞭になってくる。脳はいわば小部屋であって、とめどない言語の発生はまさしく上述した金貨の落下に似てくるのである。言語が我々の目的に適う限り、我々は喜んで満足している。しかし、人によっては脳内の言語発生が押し止められないほどの圧力をもってくる場合がある。そうなって初めて人間は自分の心と脳を本当に規律する力が一体あるのかどうかを尋ねるようになって来る。

確かに、自分で思考を規律出来なければ、我々は自らを想念の思考者とは言えない。「想念と思考者とを区別することは出来ない」と、J.クリシュナムルティは繰り返し語っている。それでは心と脳の活動において発現している、その力とは何なのか。

「人間の心と脳を制御している力は何か」、ということは当然の問いかけである。人生の中で最も基本的なこの質問への答えを知るために、我々は普段慣れ親しんできた考え方から一旦離れなければならない。つまり心の問題は、心のレベルに留まっている限り、理解し解決することは不可能であるが、この命題の真価を知ることはさほど難しいことではない。心と心が生み出したもの、（これには脳も含められるが）、これを適正に位置づけるには、もっと大きな枠組みが必要になる。次の節では、そうした枠組みを詳しく検討してみることにする。

6. 意識の哲学

　人間存在を秩序付けて納得し理解するためには、人間が登場する以前の生物あるいは地球上に現れた人間以外の生物などと関連対応させてみなければならない。それには通常の思考手段よりももっと幅のある全体的な枠組みが必要となる。現在多くの科学者は、宇宙誕生の最初に、一体何が起こったかを知ろうと腐心している。多くの偉大な哲学者もこの外面的世界の背後にあるものについて思索をめぐらしてきた。この探索は今なお続いている。我々としても心や脳を制御しているのは如何なる力なのかという大問題への解答を見つけなければならない。この目的にふさわしい枠組みを提供しているのがサーンキャ学派の哲学である。そこでこの哲学体系の枠組みを紹介しておこう。

　サーンキャ学派によれば、宇宙は意識（プルシャ）と本源的自然（プラクリティ）という二つの原理から成立している。しかし、この二者は別個のものではない。比喩的に表現するなら、自然は意識のエネルギーと見なすことができる。自然は基本的に無意識ながら、意識とあまりにも固く結合している。一見すると意識の部分的役割を担うかに見える。つまり同じ意識が多くの個人意識に分かれ、それぞれ生まれ、成長し、楽しみ、苦しみ、死んで又再生し、最終的には解脱に至るかに見える。しかし、意識たるプルシャは受動的目撃者としてのみ存在するのであって、活動はプラクリティの側にある。内在化しているプルシャの側面が、それと結びついた肉体の活動に従って快楽や苦痛を体験する。自然の活動は全て意識のために存在する。意識が自然と結びついていなければ、宇宙は存在するわけもなく、人間の生命も含め一切の個別的生命体の問題も決して生じることはない。

　本源的自然それ自体では決して示現することはない。これには、三種のグナ（構成要素）即ちサットヴァ（清澄）、ラジャス（活動）、タマス（静止）の三要素が含まれている。世界に存在する全てはこれら三種のグナから作られる。原初状態では三要素が完全なる均衡状態にあり、活動は存在せず、プラクリティ（自然）は永遠に示現せず、プルシャ（意識）と緊密に結合した状態にある。その段階で、一種の自

発的振動が本源的自然の中に発生し、意識の明らかな増殖が始まる。
　この振動の原初的産物がマハトともブッディとも純粋意識とも呼ばれているものである。ここで初めて意識の個別的発現が見られる。次の段階の振動が発生すると、多数のアハンカーラつまり個別原理が生み出される。個人意識は自らのために知ったり動いたり楽しんだり苦しんだりするために個体を準備する。探求心とか言語が発達する以前では何故こうしたことが起こるのかは分からない。人間の場合、アハンカーラ（自我意識）から次の五種の実体が現われる。
　①　知覚するための五つの感覚器官、
　②　五つの行動器官即ち手、足、舌、排泄器官、生殖器、
　③　感覚器官と行動器官の二重性格をもつアトミック・マインド
　④　五種の感覚器官と結びつく五つの微細要素
　⑤　地、水、火、風、空（エーテル）という五つの粗大要素
　インド哲学ではマインド（心）という微粒子は自然の極小部分で、それ自体には生命も情感もない。それ自体には行動を起こす動因もない。それ自体では行動を起こす動機もない。生物の意識的行動は情感（フィーリング）によって動かされる。その情感なるものは、意識が変容したものである。外面的には、さまざまな個人のいろいろな行動はその自然的要素とその相互作用によって引き起こされるように見える。しかし、個人の内面的観点から見ると、肉体に見られる意識的活動はそれを発動させる情感の観点からのみ説明がつけられる。
　第一節ですでに議論したように、我々は四六時中何らかの情感によって包まれている。こうした情感に対し、我々は予め規制を加えるわけにはいかない。自分の中に意図的にある情感をかきたてることは出来ない。例えば、ある特定の人物に対して、意図して直ぐに愛情や憎悪、嫉妬を感じさせ始めることは出来ない。情感の世界は完全に自然発生的なのである。
　そこでサーンキャ哲学では、一切の生物に情感の形で顕現する意識の源泉なるものを仮定している。生物に見られる情感的側面と身体的側面は相互に背反しあうものではなくて、補完しあうものであって、

それぞれ宇宙意識とそのエネルギーを現し、この二者は一切の生命現象の中では不即不離の形で絡み合っている。この学派では、肉体と心との関係は別の観点から見なければならない。心（マナス）は肉体から切り離せないというにとどまらず、心は肉体の不可分の部分であって、感覚器官から入力情報を受容し、それを出力器官たる筋肉に指示を行うという重要な役割を担っている。

　ところで、心の上位にある実体が存在する。心がどのように作用するのかを理解する上で、その役割は極めて重要である。

　（インド哲学では心は独立した実体ではない。心はほとんど常に手におえない形で動き回ること、それを鎮めようとしても、うまく行かないことなどの事実は、心が別の力によって統御されていることを示していると見なしている。）

　この点ではエゴ即ちアハンカーラの役割が重大である。アトミック・マインドに動機を指示するものが、個人のエゴ（アハンカーラ）である。ここで使用されるエゴという言葉は、全く価値判断を交えたものではない。エゴは自分自身を宇宙の中心と見なし、自分の特殊的観点から世界を眺めようとする、あらゆる生物に見られる本来的傾向を指す。複数の個人のエゴが相互に共通要素を持つ場合がある。図 6-1 では重なり影ができている部分がそれである。重なる部分はそれら個人の位置付けにより大きくも小さくもなる。家族や宗教団体、政治団体などの構成員はエゴの点で共通の要素を持つ。他の人に起こったことでも、それが自分のエゴの領域に入ってくる場合には、自分にとっても気掛かりなことになる。遠くの国で起きた地震で数千人の人が死んでも、それは単に悲劇的事件の一項目となるだけであるが、自分の一部が傷つけば夜も眠れなくなる。ところで後で触れるように一切のマインドとエゴは純粋知性のレベルに向かって発展する途上になる。また、最後に付け加えると、マインドの視野は確かに限定されてはいるが、その一切の活動は宇宙意識の開顕のためになされているのであって、宇宙意識こそマインドの為す全活動の発動者であり享楽者であり苦悩者である。

西洋の偉大な科学者の中に、サーンキャ哲学の枠組みにむしろ近いとさえ言える極めて急進的な洞察に到達した人物がいる。

図 6-1

サーンキャ哲学の宇宙の構造

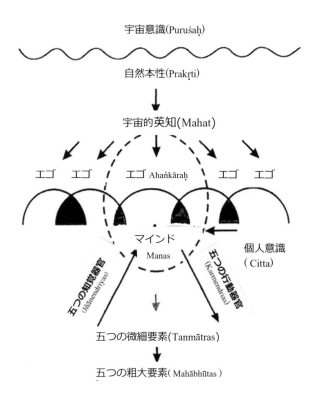

注：これはサーンキャ哲学の進化の理論を簡略化して図示したものである。宇宙意識と自然本性との間の波形の線は、この二者が同一のリアリティの二側面であって分かちがたく結び付いていることを示す。エゴとエゴが交差して影ができているところは、エゴ相互の共通領域である。ここでは微細要素、粗大要素には詳しく触れない。これらはギリシャ哲学に出てくる四つの要素とほぼ同じで、宇宙の構成要素である。知覚センサーというべき感覚器官が関わる宇宙の五つの側面を示すものと解すべきものである。

例えば、著名な物理学者のデイヴィット・ボームは次のように語る。
　究極的知覚が脳の中からつまり、物質的構造の中から発するわけではない。それを開示するために物質的構造が必要であるにしても、真理を知るための精妙な機構が脳で生まれることはない。」
　上述の文章が意味するところは明白であろう。我々の世界（これには我々の日常的行動を通じて世界を解明しようとする試みも含め）は我々銘々が持っている何らかの人間を越えた力の現われに他ならない。同じような意味合いで、ノーベル文学賞受賞者ジョージ・ワルドは次のように述べている。「科学を含め我々が知っている事柄は全て我々の意識の中に存在する。これは意識の上部構造ではなく基礎構造の一部である。意識がなければ共有の知識も私的な知識もない。おそらく意識がなければ現実もない」と。
　同じように別のノーベル文学賞受賞者ヴォルフガング・ポーリも次のように語る。「量的なもの質的なもの、物質的なもの精神的なものと言っても、同じ実存の表と裏として理解出来るのではないか」と。
　この言は宇宙意識たるプルシャと自然本性たるプラクリティの相互作用の現れとして世界を見るサーンキャの世界観の逐語的解釈に近い。
　現在、脳と心との関係について、哲学の分野でも科学の分野でもいろいろな議論が展開されている。我々の理論では。心は脳の中にあるという言い方で、この関係を説明している。
　もちろん、ここで心と言うのはアトミック・マインドつまり電気を帯びた微粒子であって、これが感覚器官と行動器官の仲介的制御器官のように機能するわけである。既にみてきたように、脳脊髄系はアトミック・マインドの活動に極めて具合よく構成されている。それはもともと脳というものがアトミック・マインド自らの行動に都合のよいように、発達してきたものだからではあるまいか。
　次の二つの節では、心の特質と心の脳脊髄系における機能の仕方をさらに詳しく見ることにする。

7. マインドの三種類

　「人間は進化の過程の最終の産物である」とか「人間は言語を使用する動物である」などとする一般的な言い方で、人間を規定すると、これまで地上に生きて来た人類、現在生きている一切の人間を一つの範疇に括り、あたかも全く同質であるかのように見なすことになってしまう。しかし、周囲を見渡して、現実に出会う様々な男女を眺めると、殆どの人間は行動の仕方や態度、考え方の点で相互に極めて異なっている、という結論にならざるを得ない。軍隊教育や宗教的、政治的集団のイデオロギーで条件付けをすると、ある状況下で一群の男女を同じ仕方で行動させることは可能であろう。しかし、その行動の裏を見ると、外見的に同じような人間でも、各々の態度や欲望、恐れとか思考内容、人生観の点では相当の違いがあることが分かってくるであろう。

　この違いは一つには人々が育つときの環境の相違によって説明できるであろう。確かに、ある物事や人間に対する態度や行為は、それぞれの育ちによって規定されている。食習慣や愛国心、自分の宗教を守ろうとする意志などはそうした条件付けで容易に説明がつく。しかし、それだけで同じような環境で暮らし育った人々の間にみられる行動や態度の大きな違いを説明することは難しい。

　ここでもまた伝統的なインド哲学における心についての論究が役立つであろう。前節で、人間の心や感覚を含め、この世にある一切のものはプラクリティ、即ち自然本性の進化の産物である。プラクリティは三種のグナ（資質）即ちサトヴァ（清澄性）、ラジャス（流動性）、タマス（鈍重性）という三種の資質を分け持っている。アトミック・マインドもプラクリティの産物の一つであり、当然これらの資質を備えている。そこでアトミック・マインドも大きく三つの範疇に分けられる。鈍重性が支配的な人はのっそりした鈍重な人になる。流動性が立ち勝っている人の場合は、じっとしていられないせかせか型の人となる。清澄性が心を支配している人は清澄でゆったりした人となる。

　それぞれの人間によるマインドの型の違いは、それぞれの人の行動

に現れる。鈍重なのっそり型の心の人間は具体的なこと、自他の外面生活だけに関心を持ち、やや粗野な人生を送る。この型の人間は状況に強制されてやむなくゆっくりと環境の中で起こる出来事に反応する。彼は自分の生存に必要な最低限の糧さえ得られれば満足する。そうした人間は所属集団の全体的統制に服し、通常身体的欲求以外の点では他の人間と争うことはない。そうした人間が発する言葉は具体的事物や状況に関連していて、その言葉は当座だけのもので、思考として内面化されることはない。ターマシックな、のっそり型の心を持った人は内面的な葛藤や緊張から悩むことは、まずないのではなかろか。

　ラージャシックで、せかせか型のマインドの人はほんの僅かな刺激に対しても素早い反応を示す。野心家で絶え間なく計画したり、考えたり、おしゃべりしたりしている。ラージャシックな性格が強まれば強まるほど言語は内面化し、四六時中思いを巡らしているかに見える。

　ラージャシック・マインドの人は頭で思いついた欲望を満たそうと、世界中を駆け巡る。そのような人は何であれ長く満足していられず、変化を求めてやまない。彼らはお互い同士でよく衝突する。彼らの場合、精神的緊張が高じて神経衰弱に陥ることが頻繁に起こる。

　サトウィックでゆったり型のマインドの人は外界の刺激にあまり反応しないが、これは別に鈍感であるからではない。人生に対し平穏で超越した見方が確立しているからである。彼はあまり話すことも考えることもなく、瞑想的な生活を送る。そうした人間は傍にいるだけで、周りの人々の心を和ませ楽しくさせるような存在である。

　マインドのこうした範疇に分けることは一つの便法に過ぎない。最も鈍重な型から最高の清澄な型に至るまで連続しており切れ目があるわけではない。現実の心が一つの型にだけ収まり切れるものでもない。ギーターが述べているように、三つのグナ（資質）は常に混ざり合っているものであって、一つの資質が他の二つの資質に立ち勝っているだけである。そこで鈍重な心も時には浮動することもあるし、流動してやまない心も清澄で平穏な状態になる時も稀にはあるかもしれない。

　我々の理論によれば、上に述べた三つの型のマインドは電気的負荷

の型に違いがあり、同じ刺激に対し異なる反応を示すことになるのである。発展の初期段階でアトミック・マインドは反応の遅い粒子のようであるが、次第に励起段階になり、次いである種の負荷をなくし、超励起状態に移行し、次第に別の型の負荷を帯びるようになっていく。電気的負荷がさらに進むとマインドは一種の部分的中性粒子となり、その反応も超然的なものに変わる。（心を中性子即ちニュートリノになぞらえている人物としては、著名な物理学者フィルゾフがいる。）

マインドは全て、鈍重な状態から流動した励起状態へ、さらに清澄で平穏な状態へと連続して移行していく過程にあると言える。

頭脳の種類

我々の理論では、脳は脳脊髄系におけるアトミック・マインドの活動に促されて進化してきた。脳の型は、従ってマインドの型に依存する。脳内をゆっくり動く鈍重型のマインドは、素早く動き回るラージャシック・マインドと較べると神経細胞間の連結が非常に少ないと言える。神経生理学者によると、人間は意識的体験を積む度に神経細胞の作動機構の中に極微の軸索が形成されるという。そうした軸索の数はマインドの動作速度に比例して多かったり少なかったりする。一方、清澄な心は現世で特別なものを得ようと脳を酷使することがさらさらない。そうした型の心が求めるものは脳が提供し得ない平和と静寂である。我々の理論では、そうしたマインドは脳細胞を作動させて達成すべき特別の目標があるわけではないので、脳脊髄系の中心にある空洞に沿って下がろうとする。そうした状態にある人間は、生きてはいるが傍観的で記録したり反応したりすることが少なくなる。言わば「空っぽな心」の持ち主である。神秘主義者がそうしたマインドの持ち主である。

脳の性質は心の性質によるとはいえ、脳の機能は複雑であり、ある部位に微細な化学的若しくは電気的変化があってもその機能に影響が出る。個々人の人格や行動における差異はアトミック・マインドの性質と共に脳の構造や科学的組成、特に大脳辺縁系の感情中枢がある脳中央部のある部位に依ることが大きい。

アトミック・マインドが緩慢で鈍重な動きから次第に運動速度を上げる進化の過程にあることから、当然次の問いが出てくる。
　心の進化の過程の最終到達点は何か。
　それが脳の作用に及ぼす効果は何か。
　人間の脳進化の将来方向即ち人間進化の将来予測は可能か。
　その答えのヒントは、人間の脳は一般に考えられているような自然に備わった問題解決者ではないという形で、既に前に出ていたと思う。人間の脳はある段階を越えると、問題を解決する以上に、問題をこしらえてしまう。アトミック・マインドの絶え間ない動きは別にしても、こうした状況が出てくる原因は、大脳辺縁系という本能の座と、理性脳つまり欲求の充足を計りつつ、ある種の欲望は達成不可能だという警告を発する大脳新皮質との間に果てしない葛藤が生まれるからである。こうした葛藤は最高の知性を備えた人間にも見出せる。大脳新皮質は脳脊髄系の下方に位置する欲望を充足しようとするだけなので、どんなに頭の良い人でも自分の低級な欲求を正当化し満足させるために頭脳を働かせる場合がよくある。そうした人間ばかり集まると、知力を尽くして世界に多大な破壊と悲惨をもたらす事態が発生する。
　この問題を長年に亘り研究してきたアーサー・ケストラーの見方によると、脳の二つの部分の葛藤は現在人間に許されている方法では決して解決できない。そこで人間の脳の将来的発展のために、新しい回路が必要になるという。何故なら、彼によると人間の条件は既に救済しがたいところにまで到達しているからである。「脳欠陥を癒すため脳を使うとは大胆で崇高な試みのように思えるが、人間は既に知的な病人であり、それは、聞く耳のない者に説得工作をするようなものだ」。絶望のあまり彼は「自然が我々を引きずり降ろした。神は我々を残したまま姿を隠してしまった。遂に時間切れである」。彼が考えるに、こうした絶望的状況に至った理由は「人間の頭蓋骨の内部に構造的欠陥、つまり潜在的に自ら絶滅させかねない構造的弱点があるからではあるまいか」。
　迫り来る破局を回避するために彼がやっとのことで辿り着いた唯一

の救済策は、狂人を人間に立ち戻らせる突破口を切り開き、思考と感情を結び、動的な均衡状態を作り上げるために、向精神薬の大規模使用であって、ヒエラルキー的秩序の回復を計ることを目指す新回路の形成である。彼は厳かに次のように付け加える。

「私はこれがＳＦだとは思わない。人類救済のために精神的再生など標榜せず、代わって分子化学に依存すべしという考え方に、諸君は嫌悪を覚えるかもしれない。そうした困惑に私も同感する。しかし、その代替物は存在しない。」

もしこれが現実だとしたら、我々は死刑宣告を受けたに等しい。何故なら、薬物の使用は、いずれにせよ、問題解決にはならないからである。我々としては、自分たちの手に負えなくなってしまった頭脳が作り出した諸問題を解決するためにも、もっと安全で穏当な方策を見つけ出さなくてはならない。

次の節では、脳を平静にさせて、より高い進化の段階に向かわせる方法を、自然は既に我々に用意してくれていることを、検討してみることにする。

8. 人体の二極とクンダリニー

生命は脊髄基底部から進化したと考えられる。あらゆる動物の欲求部位は脊髄系下部に位置している。脳におけるアトミック・マインドの活動は大概、これら部位の欲求によって支配されている。普通の人間の活動や話したり聞いたり考えることいえば、大体、衣食住とセックスのこと、その他、肉体的な楽しみや娯楽に関連したことである。フロイドによれば、人の夢も大体そうした欲望に彩られている。こうして脊髄基底部はアトミック・マインドに対し強い磁力を及ぼしている。一方、脳も独特の磁力を作り出す。各々の脳細胞が微小な電磁場となり、脳全体として大きな磁場になるからである。

いわば、人間には上部と下部に、二つの磁極があってアトミック・マインドはその両極を行ったり来たり往復している。マインドは脳内での作業を終えると、直ちに、平安と寛ぎのある脊髄下部に降りてい

こうとする自然的傾向がある。

　世の中で活動している限り、誰でも自分が体験した事柄のイメージを脳内に蓄積していく。脳には頻繁に行き合う人間や物についての印象がたまり飽和状態になっていく傾向がある。最も飽和状態に陥りやすい感覚部位は視覚である。一つのものを充分眺めると、それを再び見たいという気持ちが起こりにくくなるが、それは脳内のイメージ貯蔵庫からマインドが直ちに関連映像を引き出してくるからにほかならない。いわゆる世界の驚異と言われる場所近くに住む人々は案外そうした場所を見に行こうとはしない。聴覚印象も飽和状態になりやすい。ポピュラーな歌曲は最初のうちこそ気に入り、よく聞いたりしているものの、ありふれてくれと、もう注意を引き付けなくなる。「我々の期待の上限は、一旦達成されると、今度はそれが最低水準線になってしまう」と、オルダス・ハクスレイは語っている。金持ち生まれた人は自分を取り囲んでいる様々な品物を十分楽しんでいるわけではない。もっとも、大概の人々にとっては、「生活に役立つ品物」がまだ飽和状態にはなっていないことも事実である。

　しかし、世の中が提供できる一切の物について頭脳が既に飽和状態になってしまったと感じている人々が僅かではあるが確かにいる。それでいて彼らのマインドには落ち着きがなく、自分の落ち着きなさについて明確な根拠が見出し得ないでいる。我々の理論によれば、マインドには電気的負荷があって、落ち着けないのである。マインドは自分に備わるエネルギーの発散方法が分からないまま空しく脳内を馳せ巡るだけである。如何なるものを所有しても満たし得ない苛立ちに懊悩し続ける。消費尽くされないエネルギーは漠然とした緊張感と支離滅裂な思考を生み、それがまたなお緊張を増幅していく。そうして流動して止まないマインドは脳内の自ら作り出した罠にはまり込んでもがくばかりである。

　そうした心の持ち主はどうすべきか。こうしたことに対する決まりきった処方箋はない。一つには緊張を生みかねない状況から脱出するという方法がある。例えば、世捨て人になる、宗教的修行に打ち込む、

繰り返しの多い儀礼に没頭する、隠遁して神霊を黙想する生活に入る、といった類である。或いは変性意識状態を体験すべく、向精神薬に手を出すかもしれない。

しかし、こうした方策はいずれも一時的で頼れる救済措置とは言えない。暫くすると、マインドは再び無上の安らぎ、永続的な平安、外的世界にある何物にも依存しない平安を見つけようともがき始めてしまう。しかし、永続的平安の源泉は実は外部ではなく、マインドが住まう脳脊髄系内部に存在するのである。実際、我々は、心に平安を与える装置が自然の用意した脳脊髄機構そのものの中に存在することを発見した。アトミック・マインドを活動領域たる脳から引き離して、その電気的負荷と緊張度の増大にストップをかける方法は幾つかある。

まず、既に見たように脳内には脳室と呼ばれる空洞がある。脳室にはニューロンが存在せず、アトミック・マインドがそこにある限り、感覚的刺激に反応したり、知覚や記憶、映像などを作り出すイメージ蓄積作用を営むわけにはいかない。しかし、ここで興味深いことは、脳の中心部の空洞が脳幹の橋から延髄さらに下って脳脊髄系末端に至るまでずっと繋がっているという事実である。果たしてアトミック・マインドは、脳細胞の休憩を妨げることなく、この空洞を下って行けるのであろうか。

言えることは、これが実際、少なくも二十四時間に一回の頻度で起こっているということである。夜になり脳細胞が疲れてくると我々は眠りにつく。その状態の下でアトミック・マインドは脊髄孔に沿って下がって行く。心が頭脳から離れている間に、生きた微小蓄電器たる数千万のニューロンは過剰電荷を放出できるので、目が覚めると我々は安堵感と爽快感を味あうわけである。脊髄の奥深い所までマインドが下がって行けば行くほど、脳細胞は溜め込んだ電荷や緊張の開放が可能になる。この降下法をアトミック・マインドの無自覚的降下路という。何故なら当の人間は起こっていることについて自覚がないからである。

しかし、目が覚めれば、どんなに疲れていても我々の頭脳との格闘

は続いていくことになる。簡単には頭脳のスイッチは切れない。その結果、緊張は依然として増大し続けることになり、多くの男女は、無意識的に別の方策によってマインドを脳から引き離す必要を感じるようになる。ところで、これを可能にする二つの道がある。
　１．脳細胞のアトミック・マインドの把握力を弱める。
　２．脊髄下方部を興奮させマインドを脊髄系下部に引き下げる。
　前者は、例えば、煙草、酒、薬物などを摂取する方法である。後者は、生殖器などを刺激する方法であるが、その他では、万全ではないが、マッサージ、日光浴、水浴、単純に食事することも効果の点では同じである。セックスは男女双方が耽溺しやすい頭脳からの逃走法になっている。実際に行われている性行為のうち、本来的に生殖目的のものは千分の一にも達しないのではないか。同じように多くの飲食行為も栄養摂取のためではなく、緊張気味の頭脳に安らぎを与えるのが主目的になっている。
　薬物の使用や脊髄下部の刺激によるアトミック・マインドの下降法に人間は意識的に関与してはいるが、その行為中にあっては、積極的意識が脳から部分的に失われている。単純な言い方をすると、この方法はアトミック・マインドの半意識的下降法である。
　上述した無意識的と半意識的な下降法は、確かに人間の頭脳的緊張を和らげる効果を持つが、一時的なものに過ぎない。社会の中で普通の生活を営もうする大概の人々にとっては、それで十分であろう。しかし、僅かではあるが、経済的に困窮しているわけではないのに、じっとして落ち着けない人々がいる。彼らは富にさほど関心がない。彼らの心が落ち着かないのは、より深い人生の意義、自らの生存の目的を探求する熱心さのためである。世間から身を引きたいという願望が非常に強く、世間が提供するものを一切捨て去る覚悟を固めている人間もいる。彼らが長く過酷な挑戦をものともせず、ひたすら追求するものは、人生の真の意味、心が立ち騒ぐ真の理由、表面的事象の背後にあるもの、究極的な平安と自由である。
　そうした人間こそが、頭脳と頭脳が作り上げてきた世間から、アト

ミック・マインドを引き離して下降させる第三の方法、つまり完全に意識的な下降法があることを発見する。これが瞑想の始まりであって、瞑想では睡眠やセックスと同じように、マインドは大脳から脊髄下部に向かい下降してゆくが、それが完全に意識的な状態でなされる。

　瞑想とは、名称や実修の仕方はどうであれ、完全に意識を保持したままアトミック・マインドを脳から離脱させることを助けるものである。瞑想するとマインドは次第に深く下方に沈んでいくことが可能になる。そして瞑想者はイメージや言葉が作り上げてきた限界や境涯が次第に溶解していくのが感じられ、自分の意識が拡大していくのを実感する。彼は世間の泡立つ喧騒から遥かに離れたところにある、深い静寂と平安の状態を体験する。そうして瞑想が続くと平静状態は、さらに深かまっていく。この完全に意識的な下降法に習熟して、修行が相当程度深まり、アトミック・マインドが新しい経路を伝わって、脊髄の奥底にまで沈潜して行けるようになると、ある日、突然、全く予期せざる現象が起きる。この突然の経験は、彼の全人格に変容を迫るものとなる。

　この理論によるならば、アトミック・マインドが完全に意識的に脊髄基底部に到達する時に、脊髄の基底部に位置する神秘の力、クンダリニーが覚醒する。クンダリニーが覚醒するとマインドと脳に大きな変化が起こる。これは一切のものが突然一挙に木っ端微塵に飛び散るがごとき体験であり、それが終息するまでには、通常、相当の年月が必要である。然るべき人には、それは、必ず起こるもので、人間存在と宇宙そのものの一体感、さらに人間と宇宙、両者の関係の根源にある、神秘なる核心が明白に開示されることになる。

　クンダリニーの覚醒は人生最高の目標ではあるが、全ての人に起こるわけではない。しかし、覚醒まで至らずとも、意識を拡大させ、心と脳を出来るだけ平静にすることに熟達することは可能である。そして、そのことが自分自身を理解し、日常生活をよりバランスのとれた有意義なものにしていくことに繋がるのである。

9. 継続する進化の過程

　いわゆる進化論によれば、生命は単純な形態から進化し始め、ある高度な段階に到達すると、複雑な生命体が現われ、進化の最終段階で、類人猿から人類が出現するに至った。人類において生理的進化は既に極限に達し、将来進化するとしたら社会的側面もしくは科学技術工業的側面のみだという説をよく聞く。

　確かに、人間は身体も頭脳の仕組みも、全て動物としての特徴を受け継いでいる。その自然的な生理機能は動物の体内で起きていることと全く同じである。感情や情緒面で、人間は動物と少しも変わらない。飢えや乾きの点で動物と人間に差はない。怒りや性欲に駆られると人間も動物と同じように振るまう。しかし、他の動物とは全く異なる神の如き人間がいることも事実である。特に、人間の本質は感情や意識の中核にある。人間の進化は生物的変化よりもむしろ意識面の変化に起こるのではなかろうか。実際、肉体的レベルでは人間相互の違いはあまり大きくはないが、意識の内面は人により大きく異なる。そこで様々な人間の意識的条件や能力に見られる大きな相違を説明する枠組みが求められることになる。

　タイテリヤ・ウパニシャッドは、様々な人間の意識面における多様性と、その意識形成の方向性につき、極めて示唆に富む枠組みを提供しており、この書では、究極的実在が五つのコーシャ、即ち枠もしくは段階を経て示現すると説かれている。即ち物質の枠、動物の枠、マインドの枠、英知の枠、歓喜の枠の五つである。意識は幾層もの枠に囲まれており、通常の人間は純粋意識を体験するにわけにはいかない。人間の意識は常に何らかの枠に包み込まれているので、それらの枠の特徴を知ることで、それぞれの意識の構造と方向を知るとができる。それぞれの枠の特徴を調べてゆけば、段階を追って、人間の生命が次第に展開して行く過程がしっかり見極められる。物質の枠にある生命は、それが摂取している食物と同レベルで、環境に完全に支配されている。植物や下等生物は物質の枠内にあり、この段階は進化の集合的無意識の段階で、誕生、成長、生存、衰退だけが生物の特徴とし

て現れる。この段階にある様々な生命形態には激しい活動や闘争はあまり見受けられない。この段階の生命は、その在り方から見分けがつくが、動き方からは区別がつけがたい。

　次の進化の段階は動物の枠である。行動性に特色があり、種としての動物により代表される。この段階の生物は、身体をもって絶えず動き回り、食物や異性をめぐって激しい闘争を行う。この段階の生物を見ていると、何らかの行動を起こすために忙しくしている。身体の動き方に動物的段階の生命の特色がある。

　生命がマインドの枠に進化すると、身体の動きは次第に落ち着くが、代わってマインドが目まぐるしく動き回るようになる。この段階に至って言語が進化し始める。動物の枠にも、ある種のコミュニケーションは存在するが、それはまだ言語とは言えない。言語とは、あくまで単語という区切られた音節の集合が見られるもので、文法の規則に従って文章を操作する点に、マインドの枠にいる生命の特色が見られる。言語と共に、明白な思考、想像、夢想などが見られる。動物的要素は、人間がマインドの枠内に到達した段階でも存続している。人間のマインドは、大体自らの内なる動物的要素を満たすために、もがいている。この段階の生命には、エゴからの圧力もあって、衝突と混乱が広く見られている。マインドの枠にある生命は、緊張と危惧、恐怖などに絶え間なくさらされ、つかの間の満足が時折、訪れるだけである。

　マインドの枠の経過には相当の時間がかかる。それぞれの人間は個別的に、この枠内の様々なレベルに位置している。マインドの枠にまで進化が進むと、人間の心の動きは次第に激しく活発になり、とめどない思念が群がり起こるようになる。その結果、脳内に混乱と緊張が高まり、マインドの緊張も人によっては忍耐の限度を超えてしまう。マインドの動きによって生み出された、この混乱や緊張から、マインドの厳然たる圏内から逃れたいという願望が次第に膨らみ、意識的あるいは無意識的にマインドの境涯を乗り越えて平和と光明を見出そうとするようになる。中にはマインドの枠から離脱し、英知の枠、即ちブッディ段階に到達する人間も出てくる。その段階まで来ると、言語

と思念の絶え間ない流れの速度が緩やかになる。混乱状態が収まり、心が澄んで透明になり、衝突、緊張、危惧、恐怖などがなくなってくる。言語と思考がマインドの枠内にある生命の主たる特徴とすると、英知の枠にある生命の特色は、超言語的静寂と時折、直感が浮かぶ状態であるともいえる。そこで初めて人間は言語に歪曲されずに真理を直接、認識できるようになる。

　生命進化の最終段階は、至福の枠の段階である。ここに至って長い進化の階梯は終結し、進化は、始まったまさにその出発点にあることが判明する。そこでは知るものと知られるものの区別は消滅し、知る過程は完全に終わる。進化の過程の最終段階は、その性質上、筆舌には尽くしがたい。進化の過程の背後にある主動因は、出来うる限り快適な感覚を享受して不快な感覚を回避しようとする傾向であるように見える。至福の枠にある生命は自らの幸福が自分以外の何者にも依存していない段階に到達している。あれこれを所有しているから幸福だというのではなく、自分が存在するから幸福だという段階である。これが純粋存在、純粋意識、純粋至福（サット・チット・アーナンダ）の段階である。

　進化の過程全体をこうした枠を通じて理解することは、我々にとって若干難しいことかもしれない。何故なら、我々自身がその過程の中の一段階に位置しているからである。その過程を全て渡り終えた人なら、それをある意味で客観的に振り返って眺められるので、その全体過程は明瞭に掴めるであろう。それに一つの枠から次の枠への進化は極めてゆっくりしたものであって、人生において人間はこれら幾つもの枠の間を、行きつ戻りつしながら、進化していくのである。

　マインドの枠は、我々が現に経過しつつある長期にわたる過程である。一般的に言って人間の心中に起こっていることには一定のパターンがあって、それを見分けることは可能である。その鍵が、進化の過程で人間が最初に獲得した言語に関する研究にある。人間の進化の過程は、先ず言語の発達に現れる。言語や思考は具体的なものから抽象的なものに次第に発展していく。子供が物の名前や直接目に見えるも

ののの動きなどを指し示す具体的な言語から使い始めることは、子供を見ているとすぐに分かる。そのうち子供の言葉に事物の関係や抽象的なものが含まれてくる。言語の発達がさらに続くと、人間の心に様々な思想が芽生えて来る。

　この段階になると個々人の相違は極めてはっきりしてくる。子供に平等な教育機会が与えられても、それぞれの子供の精神能力の成長には限界がある。この限界は子供が成長すると次第に備わる抽象的な言語の操作水準や知的精神的な事柄への関心に反映される。個別的には子供の生来の性格や教育環境がマインドの進化水準を大きく規定する。しかし、社会全体の進歩は、自然で継続的な過程である。前章で触れたように、ターマシック・マインド（のっそり型の心）の人はマインドの枠の低水準に低迷するであろう。ラージャシック・マインド（せかせか型の心）の人はマインドの枠の全領域で活動し続けるであろう。サトウィック・マインドの人だけがマインドの枠の終結点にまで到達し、英知の枠にまで成長することになるであろう。

　東洋と西洋の多くの偉大な哲学者たちは、究極の実相なるものはマインドのレベルを超越していると明言してきた。「真理の姿を一目なりと見るにはマインドの限界を超越しなければならない」と、シュリ・オーロビンド、アルダス・ハクスレイ、Ｊ・クリシュナムルティなどの現代の賢者も繰り返し語ってきた。自尊心の強い人間からは、「それはとてもできない相談だ。我々の頭脳は多くのことを達成してきた。マインドを使って解明出来たことが多々あるのに、残された未知の宇宙を解明するのに、同じようにして何故いけないのか」と、いう質問があるかもしれない。マインドの働きには、自ずから限界があることが分かったとしても、他の行き方など、どうして考えられるであろうか。人生最盛期を殆ど賭けて、我々が営々と蓄積してきた知識を捨て去り、一体何が起こるというのであろうか。

　（これに関連しＪ・クリシュナムルティの重要な著作『既知からの自由』がある。）

　なかなか疑問が晴れずに当惑している人に、ウパニシャッドにある

次の文章も紹介しておこう。
　「進化の旅の最終段階は、至福の枠で達成される。至福の枠に包まれた人間は、時空に制約された人格を失い、宇宙意識という形で自らの真の姿を成就する。」
　絶対的自由を求める願望は人間の中で最も強い。しかし、マインドが作り上げた制約のもとで生きて行きたいと願う限り、この願望は達成されない。確かに、これまで人間はマインドを働かして、現世の桎梏を逃れ、鳥のように飛び上がり、天国の喜びを夢想してきた。しかし、真の自由は別世界でなく現世において実現されなければならない。それは本質的に、マインドの制約からの自由、マインドを壊しかねない想念の嵐からの自由である。成熟したマインドの特徴は自らの限界を理解することである。よく見れば分かるように、数学的言語ではなく口頭言語による思考は、問題を解決する以上に問題を作り出す傾向がある。生きていく上の問題解決には、知識ある学者の助言より、純粋無垢の直観の方が役立つと言えるのではなかろうか。
　オルダス・ハクスレイが述べている如く、進化の旅の終点は自分が昔からずっといた場所に到達したことを自覚することである。前章で触れたように、人間全ての上に平等に同じ宇宙意識が顕現している。マインドとエゴのレベルを超越することにより、マインドやエゴを自分と同一視することから始めて抜け出すことができる。この真理を理解し、宇宙意識と自分が一体であることを悟ることが、人間生活の最終目的である。
　人間の進化は未だ完了していない。大脳新皮質の発達は人間を進化の頂点に立たせた。この新しい領域を使い、人間は多くのことを見たり想像したり、観念や理論を作り出したり、論理を構築してきた。大脳を使って人間は動物より優れたより安全な方法で生き永らえることができるようになった、と考えられている。しかし、人間行動を支配するものは脳の下位部位のようである。
　（アーサー・ケストラーに言及した章を参照して頂きたい。）
　地球全体の状況はますます危機に陥っている。個人的レベルでも大

脳新皮質の過度の興奮は、現代人、特に若者には全く耐え難いほどの重圧と緊張を生み出している。これは明らかに、人類が脱大脳新皮質段階に移行すべき時に到来したことの兆候である。

そこで次章では、現代人の苦境の実態と、そこからの脱却方法を詳しく検討することにする。

10. マインドに今起きている事態

　二十世紀後半に入って極めて特異な事態が起きた。世界中で精神的緊張が突然増大し始めたのである。毎日おびただしい種類の消費物資が市場に持ち込まれること自体がこの緊張を反映している。人々の心は落ち着かなくなり、一つのことに長く満足していられない。今出版されている文学作品にも頻繁する政治的社会的家庭的な葛藤や緊張が反映されている。精神分析家や心理療法士のもとに訪れる人の数が増大し、グルや訓練士が指導する瞑想センターが世界中で突然出現してきた。アルコールや薬物に溺れる人も多い。特に豊かな社会の若者の間に破壊的傾向が蔓延している。彼らは自分の中に溜まった精神的エネルギーのはけ口が見つけられないでいる。以前なら平和に暮らしてきた老人も漠たるストレスに苛まれ、若者に指導や支援を与えられないでいて痛々しい状況のもとにある。

　どうしてこうした困惑する状況が生まれたのかという問に答える鍵は、今日の老若男女に区別なくあらゆる人間の脳に膨大な感覚的刺激が付加されるようになった点にある。マスメディアを通じて、現在の青少年に日夜注入される年間の感覚的刺激は、その祖父母達が一生涯かけて受けた刺激を大きく上回っている。感覚的接触は質的にも大きく変わった。昔は書物に限られていた戦争、犯罪、暴行、非業死などについての疑似体験が、鮮明かつ大量に若者の頭に注ぎ込まれている。そのため、豊かな国々では、青少年の心は思春期を過ぎる頃までに、世間で得られる印象のほとんど全てに接触して、殆ど飽和状態に達している。

　我々の理論では、アトミック・マインドが常時、脳の強力な電界に

捕捉されたままの状態にある。脳への感覚的刺激が増大すればするほど、アトミック・マインドの動きは増強され、その結果、脳の電界は強まっていく。現代の発達した消費文化は人間の脳に対して強力サイクロトロンのような役割を果たし、アトミック・マインドの脳内活動は一段と加速されている。マインドの動きが速まれば、多様な欲望が多数の人々の間に育まれる。マインドの動きが速まれば、それら欲望は即座の充足を期待する。忍耐力は薄れ、その結果、あらゆる形の衝突が激増する。確かに、感覚を満足させる手段も増えたが、割合から見て、それに伴う不満が急速に増大してしまう。

　人類が大量の消費物資を大規模に生産できるような段階に到達したこと自体はよいことである。現代の工業発展を盲目的に非難する積りはない。衣食住に対する基本的欲求充足のため人類は数万年もの間、苦闘してきた。そして、少なくも先進国ではそれらを充足するだけでなく、ほんの数十年以前には夢想だにしなかったような感覚的享楽に耽ることさえ可能になった。ずらり並んだ電子機器装置により、我々の生活は根底から変えられてしまった。

　我々は人間の本性や運命に対する無知から、人間は際限く消費し続けることができると思い込んでしまった。工業化さえ推進していけばよいと信じて、多種多様な消費物資の供給に邁進することを「発展」と呼んでいる。しかし、効用逓減の法則は生活全般に適用されるものであって、やがてある種の消費に飽き生まれるので、欲望維持のために人為的で好ましからざる手段に頼ることになる。これに関連し、アルダス・ハクスレイは次のように述べる。

　「人間は物事を当たり前のこととして受け取る無際限の能力がある。新しいことが起きると、一日か二日は驚いていても、直ぐに当たり前のことの一部として受け入れてしまう。それまでは全く手の届かぬ高嶺の花も、手にすることが出来るようになった途端、それを足元の床のように当然と受け止め、気にとめなくなってしまう。」

　そこで今日、社会が認める人間の営みは、家庭を小百貨店に変容させようと目論んでいるかに見える。しかし、発達した人間にとって自

由への欲求が最強の欲求であることを、現代社会は、頑として認めようとはしないのは何故だろうか。人により、贅沢に振り向かず世俗的なものから逃れようとする気持ちの者がいる。それも、あれとか、これとか、この制度、あの制度というのではなく、一切の物事、一切の制度、つまり人間の頭脳が作り出した一切のものから逃走したいという切なる願望を抱く人間が存在する。そのような究極の自由への道を提供し得ない社会は、その内在的矛盾を露呈して、結局は崩壊する可能性がある。

閉鎖社会の下では、思想と言動の領域に最大の影響が現れる。人々の心の中の緊張が高まるとますます多くの言葉が発せられる。既に述べたように、言語とは意味のある音節の形で脳内エネルギーを放出することである。マスメディアの驚異的な発達によって世の中に飛び交う言語量は飛躍的に増大した。しかし、人間の言語に意味を与える情感（フィーリング）能力は以前と少しも変わらない。その結果として、人々は他の人の言葉をまともに受けとめなくなり、不可避的に言語の意味が薄まることになる。社会的な遵守条項や禁止事項は言葉で規定されているので、言語の意味の密度が低下することによって、世の中を律してきた宗教的社会的戒律は力を喪失してしまう。そのもっとも顕著な事例が、性行為に関する戒律である。

「現代的社会」の人間は性を親密な人間的関係から引き離し、何か偶発的なことのように見なしている。確かに性的自由は過度にピューリタン的勢力からの自由として、必死に求められていた時期もあった。しかし、今日、性はストレスに悩む人々に憩いをもたらす力さえ失ってしまった。男性優位の世界におけるフリーセックス運動は、女性を男性の肉体的満足あるいは広告産業のために使われる商品におとしめてしまった。その結果、今日では精神的ストレスの重圧が女性に重くのしかかることになった。

言語の意味が薄まると物事は裸の姿を露呈し始め、それに対して人間はまともに対処できなくなる。それでもなお人間は自分の問題に解答を与える、まともな哲学あるいはまともな宗教に何時かは行き逢え

るのではないか、というはかない希望を抱き続けている。しかし、言語とか言語によって創造されるあらゆるものに、しがみつくこと自体が、人間の問題の根源であることに、人間はまだ気づいていない。言葉で表現されたまともな哲学とか宗教というものは存在しない。人間が直面する言葉の上での問題解決の鍵は、完璧な内的静寂にあるので、言葉の使い方にあるわけではない。頭をひねって作り出された問題に対し、さらに頭を使うことは底なしの泥沼に入り込むようなもので、そうした試みは最初から失敗する運命にあったのである。頭脳が作り出した問題は、頭脳とは別次元で解決されるべきであろう。そこで前に触れたアサー・ケストラーに再び登場してもらうことにしよう。

「頭脳の欠陥を癒すために頭脳を働かすことには、拍手喝采すべきことで、まことに結構である。読者のように私もできれば言葉を連ね、模範を示して精神的説得に望みを繋ぎたい。しかし、人間は不治の精神病に罹ってしまった種族なのである。そんな説得に耳を貸すことはない。自然は人間を打ち捨ててしまっている。神が駄目になった受信機を人間に押し付けたところで、人間はもう時間切れの局面に立ち入ってしまったのだ。」

麻薬の脅威

そこでケストラーがこの恐ろしい状況からの唯一の脱出方法として提示したものが、向精神薬の大規模かつ組織的な投与であったことを思い起こしてもらいたい。精神的緊張が高まると人間はそれから逃れるため必死になって救済策を探し求める。ある程度の緊張を和らげるには、アルコールを口にしたり、煙草を吹かしたりすることで充分であった。過度のアル中は別にして、そうしたことに耽ったところで、その人間や周りの人に命に別条があるわけではない。

ところが今日では多くの国において、緊急課題の筆頭に、麻薬問題が挙げられるようになってきている。国外の敵と戦うよりも多くの資材を投じて、この国内の敵の撲滅に躍起となっている国もあるくらいである。ＷＨＯ世界保健機構はこうした状況を深く憂慮している。麻

薬の生産、輸送、配給を根絶するため、世界中で懸命な努力が払われている。麻薬取引に関りを持った人間に死刑を課す国もあるくらいである。

　しかし、こうした外面的な方法で麻薬を取り締まろうとする試みは結局は全て失敗するであろう。せいぜい当座の使用を抑制するに過ぎない。麻薬もしくはその代替品が小学校の実験室みたいなところで、たちまち精製されるようになるのは時間の問題である。麻薬の生産、配布を禁止しようとする試みは一時しのぎとしては必要であろう。しかし、人類の命運を蝕み始めているこの凶暴な災厄を防ぎとめる永続的方策にはなりえない。

　深刻な麻薬問題について、わざわざ麻薬撲滅などと言わなくても済む解決策が一つある。若者達が意識の冒険を試みるのは、新しい体験への願望からである。そこで大人は、先ず第一に、人為的で有害な刺激物に依存せずとも、立派に満足できる生活が送れることを自ら率先し範を垂れて示すことが重要である。第二に、何らかの精神開発法を実践し、平和と幸福と自由に満ち溢れた特別の意識状態に到達することが可能であることをきちんと明示すべきである。

　若者達が使う薬物にサイケデリックとかマインド拡大などという名前が付けられてはいるが、そうした名称が薬物の効用を表示しているわけではない。それは若者達がそれを用いて到達したいと考えている意識状態を示しているのである。つまり自分達の制約された意識の拡大を計ることが彼らの願いと言ってよいであろう。もし若者が意識をいつまでも拡大して行ける全く安全で自然な方法があるとしたなら、彼らとて、そうした危険な薬物に頼ろうとする気持ちもなくなるのではないか。

　人間の意識拡大ということは、自然の摂理によって、実は人間の中に既にプログラムされている。ただ、我々はまだそれを自覚していないだけなのである。本来的意味における宗教の目的とは、個人の意識を宇宙的水準にまで拡大するよう助けることである。しかし、不幸なことに今日の宗教組織は殆ど教理に縛られ、精神性のかけらもない指

導者により統率されている。その結果、スイフトが述べているように、「人を憎ませる宗教は有り余るほどあるのに、愛し合わせる宗教は殆ど存在していない。」

　しかし、狭苦しい混沌とした心の障壁を打破すべく、しきりにもがいているのが人間の意識である。このことは何らかの教理に基づいた宗教や薬物などでは決して達成されるものではない。そうした状態に到達するただ一つの方法こそ、瞑想である。

　そこで次の章では、瞑想に関連したことを幾つか論議することにしょう。

　二十世紀後半に入って極めて特異な事態が起きた。世界中で精神的緊張が突然増大し始めたのである。毎日おびただしい種類の消費物資が市場に持ち込まれること自体がこの緊張を反映している。人々の心は落ち着かなくなり、一つのことに長く満足していられない。今出版されている文学作品にも頻繁する政治的社会的家庭的な葛藤や緊張が反映されている。精神分析家や心理療法士のもとに訪れる人の数が増大し、グルや訓練士が指導する瞑想センターが世界中で突然出現してきた。アルコールや薬物に溺れる人も多い。特に豊かな社会の若者の間に破壊的傾向が蔓延している。彼らは自分の中に溜まった精神的エネルギーのはけ口が見つけられないでいる。以前なら平和に暮らしてきた老人も漠たるストレスに苛まれ、若者に指導や支援を与えられないでいて痛々しい状況のもとにある。

　どうしてこうした困惑する状況が生まれたのかという問に答える鍵は、今日の老若男女に区別なくあらゆる人間の脳に膨大な感覚的刺激が付加されるようになった点にある。マスメディアを通じて、現在の青少年に日夜注入される年間の感覚的刺激は、その祖父母達が一生涯かけて受けた刺激を大きく上回っている。感覚的接触は質的にも大きく変わった。昔は書物に限られていた戦争、犯罪、暴行、非業死などについての疑似体験が、鮮明かつ大量に若者の頭に注ぎ込まれている。そのため、豊かな国々では、青少年の心は思春期を過ぎる頃までに、世間で得られる印象のほとんど全てに接触して、殆ど飽和状態に達し

ている。

　我々の理論では、アトミック・マインドが常時、脳の強力な電界に捕捉されたままの状態にある。脳への感覚的刺激が増大すればするほど、アトミック・マインドの動きは増強され、その結果、脳の電界は強まっていく。現代の発達した消費文化は人間の脳に対して強力サイクロトロンのような役割を果たし、アトミック・マインドの脳内活動は一段と加速されている。マインドの動きが速まれば、多様な欲望が多数の人々の間に育まれる。マインドの動きが速まれば、それら欲望は即座の充足を期待する。忍耐力は薄れ、その結果、あらゆる形の衝突が激増する。確かに、感覚を満足させる手段も増えたが、割合から見て、それに伴う不満が急速に増大してしまう。

　人類が大量の消費物資を大規模に生産できるような段階に到達したこと自体はよいことである。現代の工業発展を盲目的に非難する積りはない。衣食住に対する基本的欲求充足のため人類は数万年もの間、苦闘してきた。そして、少なくも先進国ではそれらを

　充足するだけでなく、ほんの数十年以前には夢想だにしなかったような感覚的享楽に耽ることさえ可能になった。ずらり並んだ電子機器装置により、我々の生活は根底から変えられてしまった。

　我々は人間の本性や運命に対する無知から、人間は際限く消費し続けることができると思い込んでしまった。工業化さえ推進していけばよいと信じて、多種多様な消費物資の供給に邁進することを「発展」と呼んでいる。しかし、効用逓減の法則は生活全般に適用されるものであって、やがてある種の消費に飽き生まれるので、欲望維持のために人為的で好ましからざる手段に頼ることになる。これに関連し、アルダス・ハクスレイは次のように述べる。

　「人間は物事を当たり前のこととして受け取る無際限の能力がある。新しいことが起きると、一日か二日は驚いていても、直ぐに当たり前のことの一部として受け入れてしまう。それまでは全く手の届かぬ高嶺の花も、手にすることが出来るようになった途端、それを足元の床のように当然と受け止め、気にとめなくなってしまう。」

そこで今日、社会が認める人間の営みは、家庭を小百貨店に変容させようと目論んでいるかに見える。しかし、発達した人間にとって自由への欲求が最強の欲求であることを、現代社会は、頑として認めようとはしないのは何故だろうか。人により、贅沢に振り向かず世俗的なものから逃れようとする気持ちの者がいる。それも、あれとか、これとか、この制度、あの制度というのではなく、一切の物事、一切の制度、つまり人間の頭脳が作り出した一切のものから逃走したいという切なる願望を抱く人間が存在する。そのような究極の自由への道を提供し得ない社会は、その内在的矛盾を露呈して、結局は崩壊する可能性がある。

　閉鎖社会の下では、思想と言動の領域に最大の影響が現れる。人々の心の中の緊張が高まるとますます多くの言葉が発せられる。既に述べたように、言語とは意味のある音節の形で脳内エネルギーを放出することである。マスメディアの驚異的な発達によって世の中に飛び交う言語量は飛躍的に増大した。しかし、人間の言語に意味を与える情感（フィーリング）能力は以前と少しも変わらない。その結果として、人々は他の人の言葉をまともに受けとめなくなり、不可避的に言語の意味が薄まることになる。社会的な遵守条項や禁止事項は言葉で規定されているので、言語の意味の密度が低下することによって、世の中を律してきた宗教的社会的戒律は力を喪失してしまう。そのもっとも顕著な事例が、性行為に関する戒律である。

　「現代的社会」の人間は性を親密な人間的関係から引き離し、何か偶発的なことのように見なしている。確かに性的自由は過度にピューリタン的勢力からの自由として、必死に求められていた時期もあった。しかし、今日、性はストレスに悩む人々に憩いをもたらす力さえ失ってしまった。男性優位の世界におけるフリーセックス運動は、女性を男性の肉体的満足あるいは広告産業のために使われる商品におとしめてしまった。その結果、今日では精神的ストレスの重圧が女性に重くのしかかることになった。

　言語の意味が薄まると物事は裸の姿を露呈し始め、それに対して人

間はまともに対処できなくなる。それでもなお人間は自分の問題に解答を与える、まともな哲学あるいはまともな宗教に何時かは行き逢えるのではないか、というはかない希望を抱き続けている。しかし、言語とか言語によって創造されるあらゆるものに、しがみつくこと自体が、人間の問題の根源であることに、人間はまだ気づいていない。言葉で表現されたまともな哲学とか宗教というものは存在しない。人間が直面する言葉の上での問題解決の鍵は、完璧な内的静寂にあるので、言葉の使い方にあるわけではない。頭をひねって作り出された問題に対し、さらに頭を使うことは底なしの泥沼に入り込むようなもので、そうした試みは最初から失敗する運命にあったのである。頭脳が作り出した問題は、頭脳とは別次元で解決されるべきであろう。そこで前に触れたアサー・ケストラーに再び登場してもらうことにしよう。

「頭脳の欠陥を癒すために頭脳を働かすことには、拍手喝采すべきことで、まことに結構である。読者のように私もできれば言葉を連ね、模範を示して精神的説得に望みを繋ぎたい。しかし、人間は不治の精神病に罹ってしまった種族なのである。そんな説得に耳を貸すことはない。自然は人間を打ち捨ててしまっている。神が駄目になった受信機を人間に押し付けたところで、人間はもう時間切れの局面に立ち入ってしまったのだ。」

麻薬の脅威

そこでケストラーがこの恐ろしい状況からの唯一の脱出方法として提示したものが、向精神薬の大規模かつ組織的な投与であったことを思い起こしてもらいたい。精神的緊張が高まると人間はそれから逃れるため必死になって救済策を探し求める。ある程度の緊張を和らげるには、アルコールを口にしたり、煙草を吹かしたりすることで充分であった。過度のアル中は別にして、そうしたことに耽ったところで、その人間や周りの人に命に別条があるわけではない。

ところが今日では多くの国において、緊急課題の筆頭に、麻薬問題が挙げられるようになってきている。国外の敵と戦うよりも多くの資

材を投じて、この国内の敵の撲滅に躍起となっている国もあるくらいである。WHO世界保健機構はこうした状況を深く憂慮している。麻薬の生産、輸送、配給を根絶するため、世界中で懸命な努力が払われている。麻薬取引に関りを持った人間に死刑を課す国もあるくらいである。

　しかし、こうした外面的な方法で麻薬を取り締まろうとする試みは結局全て失敗するであろう。せいぜい当座の使用を抑制するに過ぎない。麻薬もしくはその代替品が小学校の実験室みたいなところで、たちまち精製されるようになるのは時間の問題である。麻薬の生産、配布を禁止しようとする試みは一時しのぎとしては必要であろう。しかし、人類の命運を蝕み始めているこの凶暴な災厄を防ぎとめる永続的方策にはなりえない。

　深刻な麻薬問題について、わざわざ麻薬撲滅などと言わなくても済む解決策が一つある。若者達が意識の冒険を試みるのは、新しい体験への願望からである。そこで大人は、先ず第一に、人為的で有害な刺激物に依存せずとも、立派に満足できる生活が送れることを自ら率先し範を垂れて示すことが重要である。第二に、何らかの精神開発法を実践し、平和と幸福と自由に満ち溢れた特別の意識状態に到達することが可能であることをきちんと明示すべきである。

　若者達が使う薬物にサイケデリックとかマインド拡大などという名前が付けられてはいるが、そうした名称が薬物の効用を表示しているわけではない。それは若者達がそれを用いて到達したいと考えている意識状態を示しているのである。つまり自分達の制約された意識の拡大を計ることが彼らの願いと言ってよいであろう。もし若者が意識をいつまでも拡大して行ける全く安全で自然な方法があるとしたなら、彼らとて、そうした危険な薬物に頼ろうとする気持ちもなくなるのではないか。

　人間の意識拡大ということは、自然の摂理によって、実は人間の中に既にプログラムされている。ただ、我々はまだそれを自覚していないだけなのである。本来的意味における宗教の目的とは、個人の意識

を宇宙的水準にまで拡大するよう助けることである。しかし、不幸なことに今日の宗教組織は殆ど教理に縛られ、精神性のかけらもない指導者により統率されている。その結果、スイフトが述べているように、「人を憎ませる宗教は有り余るほどあるのに、愛し合わせる宗教は殆ど存在していない。」

しかし、狭苦しい混沌とした心の障壁を打破すべく、しきりにもがいているのが人間の意識である。このことは何らかの教理に基づいた宗教や薬物などでは決して達成されるものではない。そうした状態に到達するただ一つの方法こそ、瞑想である。

そこで次の節では、瞑想に関連したことを幾つか論議することにしょう。

11. 明晰な思考への指針

思考がマインドの機能であるなら、発達したマインドの持ち主は、当然のこととして明晰に思考できる人間でなくてはならない。前に触れたように、思考は通常自分では統御しにくい自然発生的な過程である。だとすると、思考機能を人間が誇りにするのは、いささか見当違いではあるまいか。空を流れる雲の所有権を主張するものだからである。しかし、確かに、我々は物思いに耽ることがある。その理由は、我々のマインドがエゴの影響下にあるためである。思考を通して、我々は自我を確認し、その過程で自分のエゴを満足させようとしている。

もし我々が思考のレベルを超越するなら、我々の個別的個性は消滅する。当然のことながら、我々は自分の考えに固執し、考える人たることを自慢している。しかし、焦点がぼけている思考はむしろ災いの源である。世界史は混濁した思考がもたらした災厄の果てしなき連鎖である。二十世紀は幾人かの著名な共産主義思想家を生み出した。その思想に基づいて制度が整えられた国々では、建設の途上で激しい闘争が生じ、数百万人の男女が殺戮された。

ナショナリズムも幾人かの現代の思想家たちが提起した理念であるが、この理念も第二次大戦を引き起こし、ヒットラーを生んでいる。

宗教的イデオロギーも人類史の中で、無数の男女や子供を死に追いやっており、今なお多くの流血闘争事件を引き起こし続けている。このような忌まわしい状態から抜け出る道はあるのだろうか。
　何故、人間は支離滅裂な思考のままに果てしなく生き続け、不必要な悲惨な事件に巻き込まれて、苦しまなくてはならないのか。思考によって自分の問題を混乱させることなく、もっとすっきりと、問題解決につながる思考法を、我々人間は身につけられないものであろうか。
　最も確実な明晰な思考法は、不必要な思考が絶対生じないように、マインドの動きを封じてしまうことである。電源を切っても作動し続けるコンピュータが仮にあったとしても、その答えは殆ど信用されないであろう。恐らく誰もが出された答えに疑惑を抱くはずである。しかし、混乱や抗争や緊張を助長する思考の暴走を引き起こすものは、手の付けられない勢いで脳内を馳せ巡るマインドである。それなのに、如何なるわけか我々はそれに対していささかの疑念も抱かない。
　思考が問題解決に繋がらないというわけではない。確かに、問題を解決することもある。だがそれは極めて限られた特殊分野の場合でしかない。言語が厳密な意味を持つ分野に思考が向けられれば、思考はその分野の問題解決に成功するであろう。例えば、月面旅行が何を意味するかが分かれば、我々はその目的達成のために、知力を結集し、科学技術の進歩を計ることは可能であろう。しかし、神とは何か、「心の健康」とは何か、といったことが不明のままでは、この分野の思考は混乱してくるだけであろう。考えれば考えるほどますます混乱に陥るだけである。
　そこで、明晰な思考にとって、まず必要なことは、思考で使用する筈の語彙の意味の明確化である。言語過程において、正確で不変の意味があるのは数詞だけである。実体を扱う基礎に数詞があることで、初めて明確な知識の蓄積が可能になった領域がある。しかし、数詞が生活のあらゆる分野に適用できるわけではない。ある人間の銀行口座を見れば、その預金残高は一目瞭然である。しかし、彼が本当に裕福かどうか、また本当に幸福かどうか、となると、人により意見はまち

まちになる。政治、経済、宗教、心理学、文学などの領域では、限定しがたい意味を持つ語彙が、沢山、出てくる。神について書かれた万巻の書物も果てしない論議を繰り広げながら、遂に神の存在を立証できない。それは丁度、著名な画家の一枚の絵画の購入に、数億円が支払われても、芸術作品の証明にはならないのに似ている。そうしたことを立証する絶対的方法などはあり得ないのである。

　ここで我々は事実と意見とを明確に区別することを学ばねばならない。（残念ながら今日の教育はこうした重要な仕事への態勢が整っていない。）上に挙げた諸領域では、本当か本当でないかが、はっきりしない意見で満ち溢れている。真実性を決める手立てがないからである。つまり内的世界に関わる分野では、我々は他人に依存するわけには行かないということである。仏陀が述べた如く、自分が自分の燈明にならなくてはならない。

　そこで、思考を動かしているものは何か、という別の重要な問題が出てくる。限定された意味でも、我々は本当の意味で自分の頭脳を使っている、と言えるのではなかろうか。例えば、ある大学生が科学もしくは経営学で良い成績を取ったとする。ある会社が、彼を雇い入れ、長年かけて会社の目的に役立つように訓練を施した。その会社が酒や煙草、清涼飲料あるいは兵器などの生産をしていても、彼にとって別に問題ではない。若者は自分の仕事の最終結果に特に関心がある訳ではない。彼は自分に最高の給与を支払ってくれる会社で働こうと考えている。現代人の考え方は大体似たりよったりである。その過程で、我々は金で買えるものは人間ではなく、商品であることをつい忘れる。鋭敏な人間の頭脳が市場で購入可能な商品になってしまっている。今日の教育は、大体頭脳的商品の大量生産に標準を合わせてきた。成功した生涯とは、大きな財産を築いた人、そうした生涯に入れなかった男女は、人生の敗残者とされる。

　では人生の成功者か敗残者かは、一体誰が決めるのだろうか。それは手段構わず、出来うる限り金儲けすることだけを人生目的とする輩の連合勢力である、と言ってよい。金は人生で確かに大切であるが、

より多くの金を稼ぐことだけを人生目的とした人間は、決して進化した心の持ち主ではない。ハヴァート大学の著名な経済学者ジョン・ガルブレイスは次のように語っている。「お金を取扱っている人間が賢い人達だという観念は極めて馬鹿げた観念だ。」結局、お金それ自体は人生目的たりえない。お金はそれ以外の目的に役立たねばならない。しかし、自分の人生の中で使える以上のお金を既に十分蓄えていながら、尚もっと沢山金を稼ごうと努力を傾注する人間は大勢いる。盲目的情熱と極めて偏狭な目的に呪縛されているそうした人々は確かに常軌を逸している。そのような連中に社会と全世界を牛耳る権限を与えてしまったら、人類は本当の危機を迎えることになるだろう。

　どの方向に向け、自分の心を進化させ、自分の能力を行使すべきかを決める権利を持っているのは自分だけである。しかし、不幸なことに社会から我々にかけられている圧力があまりにも強大過ぎて、自分には自分自身のことを決定する心があるという事実を我々は殆ど忘れかけている。

　J・クリシュナムルティがよく指摘していたように、我々は自分の心を宗教や国籍、政治的イデオロギーなどによって型に入れられ、自分の思考力を著しく狭め捻じ曲げてしまっている。我々は社会の力によって載せられた狭い軌道に沿った思考しかできなくなっている。その意味で我々は、誰かが観賞用に栽培した精神的盆栽みたいな存在に成り下がっているのだ。盆栽の所有者は自由な成長を許しはしない。邪魔な芽は切りそろえてしまい、自分好みの形を維持するのに必要な養分しか与えようとしない。それと同じく、我々は政治、経済、宗教の各界や学界のボスに全く牛耳られてしまっている。彼らも我々が知力を伸ばすことを確かに望んでいるが、但し、それは彼らの好きな方向に向かう限りにおいてのみなのである。もし我々が自分の心を本当の意味で、発達させたければ、我々は自分を取り巻く社会構造から独立する術を学ばなければならない。

　これは別に既存秩序に叛旗を翻し、無政府主義になれというわけではない。振り子的思考、つまり極端から極端へぶれる傾向を避けるこ

とである。無神論者が突然、信仰者に変わるとか、あるいはその反対のことになるのは振り子的思考の類である。二十世紀前半において、数百万人が資本主義に反対して共産主義を信じ始めた。しかし、共産主義が物資の供給に失敗したということが、資本主義の勝利と考えられるであろうか。社会の動きに翻弄されて、あちらこちと吹き飛ばされている限り、自分の心に注目し、そこに何が起きているかを観察することは出来ないであろう。先ず、反乱者たるのではなく、独立者たる術を学ぶべきなのである。

　目前の問題を静かに見据えてみよう。しっかりした根拠ある意味の言葉を使う領域か、曖昧な意味の言葉を使う領域か、を見極めておこう。科学技術領域に属するなら、訓練に入るのもよいし、関連文献を読み、実験を企て、他の人と意見交換するのもよいであろう。必要なら自分の仮説を修正し、同じような手続きを踏んで更に思索を続け、実験を試みるのもよいであろう。そうすれば最終的にはその問題への解答が引き出せるであろう。たとえそれを自分で解決できなくても、いつの日か他の人間がそれを解決するであろうと確信したり、その問題は本来解決不可能なのだと、明言することは出来るであろう。その思索の過程の各段階で自分が何を話しつつあるのか、どの方向に考えを向けつつあるのかを知ることは可能である。

　しかし、問題が内的世界に関わる場合がしばしばある。この領域の言葉に明確な意味を付与することは無理である。そこで最初は、他の人に相談したり、本を読んだりすることが役立つかもしれない。しかし、ある理論、あるイデオロギー、あるグル等に束縛されてしまうと、問題を解明してくれる理論とか、究極の救済を約束する導師等に巡り会えたと思うと、それで満足してしまう傾向が生まれ、結局は、当初よりさらに多くの問題にぶつかってしまう可能性があることにも注意しておこう。

　そこで、内面世界の問題に直面した時は、そのことをあまり考え過ぎてはならない。特に、そのことで、他の人々を非難してはならない。自分の精神的苦境に責任があるのは自分だけであって、他の誰にも責

任はない。自分の問題を解決するのは自らの努力と自分しかいない。他の人に解決してもらう訳にはいかないのである。

ギーターは次のように語る。

「人は自分自身で自分を高めるべきである。何故なら最終的には、自分だけが自分の友人であり、また自分の敵でもあるからだ。」

自分の内的世界をはっきり考えるためには、問題を解決するどころか、逆にこじらせかねない思考活動を、鎮静化する必要がある。しかる後に、自分の内面に潜入し、自分の情感の世界を実感してみることである。常に念頭に置くべきことは、内面世界の問題が言語レベルよりも情感レベルに由来することである。先ず、内的沈黙の内に独り座して、自分自身の道を見出し、自分自身で歩むがよい。内的世界には標識がない。他の人の地図があったところで、自分の役には立たない。かえってそれは、実際面では、道を迷わす混乱の原因になる。

J・クリシュナムルティ曰く、「真理は道なきところにある。」

自分自身で通る道は、角を曲がる度毎に、予期せざる見慣れぬ者との出会いがあることをしっかり覚悟しておくべきである。内的世界では、自分自身の情感だけが頼りになる道案内である。各段階での自分自身の決断には責任を取らねばならない。自分の行動について、他の人に責任転嫁をしてはならない。誰か他の人に盲目的に従ったり、自分の問題について他人を非難したりすれば、それは自ら考えることを放棄したことになる。自分で考えることを学ばなければ、明晰に思考する技術は決して身につくことはないであろう。

マインドの進化

人間のマインドの進化には一定の方向があるが、その方向について、ある程度一般的観念を持つことができる。男も女も全て自分の「からだ」を意識している。ここでいう「からだ意識」のレベルから、「もの意識」のレベルへと意識は自ずから進化していく。今日の社会は、教育機関も産業界も、個々の企業もできるだけ多様なものを、より大量に生産し販売し所有し続けることばかりに関心を寄せている。つまり「もの意識」レベルに凝り固まっている。「もの意識」の上に、理念を

意識するレベルつまり、哲学者、詩人、科学者などが属する世界がある。彼らは大体、言語レベルの住人である。彼らの仲間の中には明確な意味を与えられた言葉を使う種族がおり、その働きによって物理的世界が解明され、様々な技術が発達してきた。その他の言葉、詩人や小説家の使う言葉は、我々に楽しみを与え、時には人間の内的世界についての洞察を提供する。この二種類の言葉が作り出している世界は非常に広大で、現代の人間生活の中では大きな比重を占めている。

通常レベルの人間が見るところ、言語世界を超越したところには、もう何も存在しない。そうした人間は、言語世界を限界として生き、かつ死にする運命にある。しかし、言語レベルを超えた世界は確かにある。言語のベールを取り外して、真理を直接認識する静寂にして清朗な世界は確かに存在する。

第六章で触れたサーンキャ哲学の枠組みに照らして言うならば、言語世界はマインドの世界に限定されている。もし我々がマインドやエゴの次元を超越すれば、我々はブッディつまり純粋英知の段階に至る。そこは現世的物質や言語概念では到底到達しえない境地であって、その方向に向い、将来、内面世界は進化していくであろう。

「もの」と「言語」のレベルを超越したいと思わない限り、人間は、決して明晰に思考することは出来ない。ということは、物質レベルで生活したいと欲する限り、人間の思考は他の人によって制約されざるを得ないのであって、常に葛藤、混乱、緊張に見舞われざるを得ない。自分の心を永遠の平和の状態に進化させるためには、現世でより多くのものを所有したいという「もの意識」を超越しなければならない。通俗世界のレベルを超越しようと決意した人の入る道が、元来、伝統的に宗教的生活と呼ばれた世界なのである。本来、心の進化を目指すべき道であった宗教が、現在では心の進化を阻害するものと見做されていることは、何という皮肉であろうか。

とはいえ、宗教心のある人とは、本来、決して教義に縛られた人のことではない。物質世界のベールの背後にある精神的真理を絶えず探究し実現していこうと身構えている人こそが、進化した心の持ち主で

ある。内的世界に深く踏み入ってみて初めて、真の意味における宗教的生活を送ることの意味が、自ずから分かってくるのである。

　マインドの普通の活動が静止して、自らの内的世界に奥深く分け入ることを恐れてはならない。神秘の領域に入る準備が整わなければ、日常生活の領域においても、明晰に思考することは出来ないであろう。ノーベル物理学賞を受賞したアーウィン・シュレディンガー曰く、

　「宇宙の科学的真理も神秘的洞察を通じて初めて分かるのだ。」この時空における人間の活動は、時空を超越した宇宙意識そのものから、直接、時々刻々顕現してきているとサーンキャ哲学が説いていることを想起されたい。この事実に気付き宇宙意識と自分が一体であることを悟らねばならない。そうして初めて、自分の周囲、自分の内部で起きていることへの平静で透徹した見方が可能になるのである。

　人間の願いは自分の根源にまで迫ることである。そして、その根源は宇宙意識に行き着く。物資的頭脳的次元から離脱して、霊的次元に進化していくのは自然な成り行きと言えよう。盆栽的な存在を自然な状態で成育させる唯一の方法は、それが元々あった土地に植え戻すことである。しかし、残念なことは、頭脳レベルにおける盆栽の栽培条件が過酷過ぎて、元の土地に植え戻す可能性が皆無となってしまう場合があるようである。こうしたことが特によく起こるのが宗教の分野で、自分達の宗派以外の行き方の可能性を否定し、場合によっては、そう考えることさえ罪であるとの烙印を押してしまうことがある。

　そこで次の節では、何が本当の宗教的精神なのかを深く探ってみることにする。

12. 普遍宗教へ向かって

　人類史形成の上で、最も大きな影響を及ぼしてきたのが宗教である。二十世紀になってから共産主義主導の下に、世界中で宗教排斥運動が強力に推し進められてきた。共産主義諸国が公式に民衆を教育してきたことは、民衆やその先祖達が宗教の名のもとに信じかつ行ってきたことは全くの迷信であって、人間にとっては、物質を越えて存在する

ものはなく、個人生活や社会生活の計画を立てる上で配慮すべきものは人間の物質的欲求だけだという説であった。

しかし、共産主義が弱体化して没落すると、旧共産主義諸国でも、かなり顕著な宗教の復活が認められる。Ｅ．Ｆ．シュウマッハが述べているように、宗教抜きで生活してみる実験は水泡に帰した。現代生活は、経済、文化、慣習が世界中で混ざり合い世界中の人々に影響を与え合う高度相互関連、相互依存社会に向かって急速に歩み始めている。この地球化の動きから特殊な信者だけのものでない、世界中の人々の精神的欲求を満たすような宗教への探求が始まった。

はっきりしていることは、そうした普遍宗教は信仰箇条みたいなものに立脚するわけにはいかないことである。人知が進んできた結果、不確かな伝聞に基づくもの、特定の人物や書物の盲目的権威に依拠するものに、人は簡単には飛びつかなくなって来ている。全ての宗教が認めているように、もし神が遍在し全能であるとしたら、神が特定の書物や特定の個人、特定のドグマや儀礼によって制約される筈がないということも、最初から自明なことであろう。遍在する神なら、時間や人間、方法を問わず、自らを顕在化できるわけである。特定の信仰集団が自分達だけが神について唯一権威であることを主張し、神がこれまで何時、誰を介して現れたのかということを、現代人はもとより、将来の人に対しても、はっきり明言できるのは自分達だけだ、という言い分をすんなり受け入れるわけにはいかない。そのような集団は、ある意味で自らを神以上に強大だと主張するようなものである。何故なら仮にもし神が彼らの信条にそぐわないことをしたいと思ったら、例えば、神がヒンドゥー教徒に新しいヴェーダを授けるとか、回教徒に第二の預言者を派遣するとかいうことを、彼らは決して容認しないだろうからである。

ウパニシャッドはそのような盲目的信者のことを、成熟した思考の出来ない精神的にはまだ大人になり切れていない子供として扱い、彼らの宗教的行為を盲人に導かれた盲人たちの所業と断じている。従来からの既成の組織宗教では現代人の精神的欲求を充足し得なくなって

きていることは明らかである。しかし、一方において精神的欲求は厳然として存在しているのであって、その充足を求める試みは依然として続いている。

　様々な諸宗教のドグマを超越した神の探求ということは結局：
　　(1) 世界が顕在化する以前から存在していた実体
　　(2) 宇宙を創造し、何らかの方法で宇宙を統御し続ける存在
　　(3) 世界が滅亡した後も、なお在り続ける存在
　　(4) 心の中に存在し、祈念により思念や情感に霊感を与える存在
上記のような存在を求めるということになる。

深い瞑想に入ると、我々はこうした神に極めて近いところにまで到達する。そこでイメージも境界もない意識状態が体験される。そうした純粋意識状態こそ神の体験と呼びうるのではなかろうか。誰でも自分の脳を完璧に鎮静させ、如何なるイメージも言葉もない状態に至れば、神を体験し得るのである。

　諺に曰く：「静寂な心は神霊の直視なり。」

深い瞑想に入ると、短時間ながら心と頭脳の静寂を体験する。しかし、クンダリニーが覚醒して、ある程度落ち着いてくると、そうした状態を常に体験するようになる。第八章でクンダリニー覚醒現象に若干言及したが、クンダリニーという語は字義からすれば、渦巻き状のエネルギーという意味である。このエネルギーは各人、銘々の内部に実在し、少しづつ表面化してくるものであって、我々の行為や思念、感情の中に現れてくる。（我々は、人知を超越したある力が我々の思念や感情を誘導している、という事実を繰り返し力説してきた。）人によっては、この力の顕在化過程が終わり、目的を達成した人もいる。そのような人間は強迫的行動から解放され、絶対的自由の状態に到達する。クンダリニー覚醒体験は人間の意識と世界観を根底から変えてしまう。唐突かもしれないが、きっぱりした言い方をすれば、クンダリニーの覚醒は人間の個人意識を宇宙意識に変換するものである。

こうした言い方は奇妙に響くかもしれないが、確かに起こることなのである。諸宗教の始祖達がこうした転換を体験していたことを示す

文書はかなり多く存在する。転換の体験は根本的には同一である。ただ、その信奉者の理解力不足と偏見に災いされて、本来の教えは大きく歪められてしまった。

我々の外界についての観念やそこにおける自分自身存在についての経験は、脳に生起するイメージや言語に基づいている。しかし、もし脳内部に、言語も自他というイメージも全く消滅する静寂な意識状態に入った時は、その状態の人間は宇宙意識と一体なのである。

始祖達は文化的環境に応じ、自らの内的体験を次のように語る。

　　私は自由自在を達成した。(ヴェーダの予言者)
　　私は涅槃に到達した。(仏陀)
　　私と私の父は一つである。(イエス・キリスト)
　　私は愛するものの中に没入した。(スフィーの聖人)

この内的静寂をまだ体験していない普通人にとっては、こうした発言は不可解である。しかし、これらの言葉を発した人にとっては、自明の事実を表現したに過ぎない。上述した発言はヒンズー教、仏教、キリスト教、イスラム教、スーフィ教における基本的観念を表している。しかし、これら宗教の普通の信者は、その意味が皆目分からないかもしれない。理解力のレベルの相違、政治経済社会的状況によって、お互いに敵同士になる可能性さえある。

ただ、こうした発言をした当事者達が、かりに一堂に会することがあれば、彼らはそれぞれ他の人が語った内容を、即座に理解し、その真価を認めあうことであろう。何故ならこれらの発言は全く同じこと、つまり言語やイメージから隔絶した純粋意識の状態を記述しているからである。

世界の主要宗教を全て一つにまとめ得るものは、宗教的伝統の中で現れる神秘主義者の体験の近似性である。彼らは例外なく自らの個人意識が宇宙意識と融合するのを感じている。彼らの深い体験はいずれも極めて似通った用語を用いて表現されている。これらを前提とすると、容易に次のような神の定義が可能になる。

　言語を絶した意識こそが神である。Languageless consciousness is God.

この定義は多くの人々を驚かせるかもしれない。その言葉を見た途端に、その不敬ともとれる奇妙さを別にしても、その言葉自体に対する強い反発心が起きてくる。我々はより高い資質を身につけて完全な人間になった時に初めて神であるとか、神に似た存在と言われるものを理解する。しかし、この定義で我々は人間に何も付け加えてはいない。むしろ人間からあるものを引き去っている。しかもそれは、言語という人間が最も価値ある所有物と考えているものを引き去っている。何かを失ってどうして人間は自分以上の存在になる得るのであろうか。
　ここで注意しておいて欲しいことは、付け加えるとか引き去るという概念自体、あるいは高いとか低いとかいう概念自体は、自らを超えた実相を、理解することも表現することも出来ない、人間のマインドの活動が生み出したものである。この奇妙な命題を通して言わんとしていることは、簡単に言えば、もし人間が短時間であれ、頭脳が言葉やイメージを生み出さない意識レベルにあで高まるならば、その時間だけでも、人間は宇宙意識つまり神と一体になるということである。この言い方は、もし波が、そのエネルギーを失えば、大海原と不可分になるというのとよく似ている。
　この命題には、情緒も神秘もない。神を知る理性的な方法と言えよう。言語やイメージを生み出すことが頭脳の機能だとしたら、上述したことは、神についての神経生理学的定義ともいえよう。そしてこのことは現代の科学的学問的気質の人々によっても、然るべき方法で、「経験的に立証されうるもの」と言えよう。自分でその実験を試みさえすればよいからである。
　こうした神への接近方法に表題をつけるならば「知的神秘主義」と言えるであろう。これは用語の矛盾のように聞こえるかも知れないが、こうした判断を下しているものが我々のマインドなのだという点を想起されたい。マインドには矛盾していると見えるものでも、マインドのレベルの一切の矛盾が自動的に消滅するマインドを超越した意識にとっては、そうとは見えないのである。偶然でもあろうが、現代物理学は矛盾に満ち満ちているのであって、知的生活を営む上の主要な仕

事の一つは矛盾なく生きることを学ぶのではなく、絶えず矛盾を統合する能力を養うことである。

　大方の人間にとって、その社会生活のために儀礼や儀式は必要である。その多様さは生活に彩りを与える。現世での儀礼や儀式はますます多様化しながら存続していくことであろう。しかし、信仰はもっぱら我々の内的世界に関わる事柄である。宗教のドグマが社会の中に根付いてしまくと、ドグマは社会の内部にとどまらず、故人の内部にも様々な矛盾を生み出すことになる。そこで宗教の名において世界の多くの国々で、今なお見るもおぞましい政治的社会的紛争が繰り広げられている。

　ドグマに縛られた全ての伝統的宗教は没落して行くであろう。将来において男性や女性が従う唯一の宗教はあらゆる宗派を超えた宗教であって、如何なる人物や書物にもあるいはまたドグマや儀礼にも基づかない普遍的宗教である。この宗教は人間の心を束縛する代わりに自在にさせる。その宗教の下では、哲学や心理学、文化活動や慈善運動、経済的社会的活動などが総合的宗教精神によって融合されている。この普遍的宗教こそは、人間の心を絶対的平和、絶対的幸福、絶対的自由に向けて成長させることであろう。この宗教には、"外面的組織的宗教活動を通しては決して辿り着けない、むしろ瞑想を通じ、自分の内的自我に向かって、独り旅を続けて初めて到達できるのである。

　そこで、次の章では、真の瞑想とは一体何かということを、見て行くことにしよう。

13. 瞑想の理論と実践

　これまで見てきたように、人間の中心にアトミック・マインドがある。各人の性格も行為もアトミック・マインドの性質によって決まる。アトミック・マインドは進化の過程において、のっそり型の状態から、せかせか型に進化し、最後に、ゆったり型に到達する。人により、脳内のマインドが超励起状態になったまま、制御不能の状態になる段階もありうる。このような状態にある人は他の人々との交際で、ともす

れば精神的緊張や混乱に陥ることがある。

　深い意味において瞑想を確実に習得できるのは、一定の発展段階に到達した人だけで、マインドによる言語活動の限界を悟り、一段高い穏やかな意識水準に進化する準備が整った人だけである。とはいえ、普通見かける日常的な生活を営むその他の人々にとっても、瞑想が無意味というわけではない。瞑想の実践は、心に平和を与え、明晰な思考を促す。しかし、本当に深い瞑想の境地に入れるようになるのは、何としてもマインドのレベルを超越したいと切望するまでに意識が熟してからである。

　我々の理論で真の意味の瞑想が始まるのはアトミック・マインドが脳の支配を脱し、脳内に四六時中留まる必要がなくなる状態になってからである。夢を全く見ない熟睡時もそうした状態になるわけだが、それは無意識状態である。瞑想は意識が完全に覚醒した状態において、イメージも言葉も全く湧いてこない段階に到達することである。もしマインドが自発的にそうした状態に到達しえなければ、瞑想を実践する必要はない。誰でも自分の経験に照らして、そうした状態を単に願うだけでは、純粋意識状態には決して到達できないことを理解されたい。そこから瞑想を実践する必要性が出てくる。

　先ず、最初に念頭に置くべきことは、何らかのストレスがあるような生活を続ける限り、瞑想は無理だということである。そこで、パタンジャリは瞑想状態に入るためには、非暴力、真理、不収奪、節制、内外の清浄、満足、禁欲、精神探求、黙想などの行動原則に基づく生活をすることが前提だと、と述べている。生活の環境が、瞑想的雰囲気に包まれて、初めて瞑想実践の効果が現れてくる。次に、その指針を掲げておく。

1. 宗教によって教えられてきた多くのことを先ず忘れること。宗教的ドグマを自ら進んで棄ててしまわないと、深いレベルの瞑想には到達し得ない。極めて神聖な教理といえども、教理は人間のマインドと頭脳が作り出したものである。瞑想において先ず為すべきことは、一切のイメージと言葉を捨て去り、脳の中から完璧か

つ無条件で離脱することである。
2. 世界に対し責任を持つこと。マインドの働きにより、文字通り、時々刻々作り上げられる、この世以外に、世界なるものは存在しないと悟ること。
3. 全世界を自らのアシュラム(精神的な隠遁の場所)と心得ること。自分のグルは、自分の内に既に鎮座している。家庭や社会から委託された仕事は最善を尽くして達成すること。何故ならそのことが世界を維持する上には必要だからである。しかし、一方において自らの仕事に対しては淡々として超越した態度を養うことも大事である。この世での真の目的は、この世というアシュラムの維持に役立ちながら、内的進化の途上を歩み、根源的な探求をし続けることだということを、常に念頭に置くことである。肉体作業をも自らの精神成長の手段とすることである。この世をよくするためであれ、社会奉仕者、政治的指導者たることが、自分にとって余り重荷になってはならない。自らの内部に、愛と美と平和を見出して、初めて、この世を愛と平和に満ちた場所にすることが出来る。
4. 内外ともに、物静かな態度に終始すること。一日の終わりに、自分の口から出た言葉を点検すると、大部分が無意味なものであったことに気づくかもしれない。あるものは自分のエゴを表し、他のものはマインドの苛立ちを示すに過ぎないかもしれない。一日のある時間だけでも、完全な沈黙を守ること。日本仏教は日本庭園、茶の湯、生け花などの文化を生み出してきたが、これは静寂にして心楽しい精妙な動きのある文化の典型である。公案に曰く「拈華微笑」と。

簡単な瞑想実修法

静かな場所に毎日、数分間座り、自分のマインドの動きを観察すること。マインドが考えたいと思っていることをそのまま考えさせておく。その動きに、ことさら介入してはならない。ただ、心の動きを見

つめるだけである。この実修法に、多くの瞑想の師匠は賛同している。自分の考えていることが、ある根源的な無意識の力によって支配されていることが分かって来る。観察することで、そうした力が意識的レベルに浮上してくる。その力を評価してはならない。ただ観察するだけにとどめること。自分が考えていることを超越的に観察していると、自分の中に思考のレベルを超えたある能力が、次第に育ってくるのが分かって来る。

前章でみてきたように、工業技術的生産物に満ち溢れた全く気ぜわしい現代社会において、我々の感覚器官は相当に痛めつけられてきている。この莫大な感覚器官への入力との絶え間のない接触からアトミック・マインドのスピードは著しく高まって来ている。特定のある一日を取上げても、マインドは注目の焦点をせわしく変化させている。感覚の対象も目まぐるしく変わる。

そこで、もしマインドの脳内活動速度を落として、暫くは一つのことに専心するなら、絶え間ない動きから生じる脳の緊張は、少しは収まってくるのではないか。これが、感覚対象を一つに絞る練習で、瞑想実修の第一段階である。その仕方を次に幾つか説明する。

一時に一つの感覚だけを意識する練習

1. マインドの関心は、聴覚から視覚へ、視覚からまた聴覚へと絶えず変わる。このマインドの動きに隙間を設ける。瞑想的な音楽、出来れば、特定の楽器が奏でる音楽をうす暗い部屋で聞き入ってみる。リラックスして音楽だけに注意を向ける。頭の中にイメージを作らないこと。楽器や演奏者、或いは自分の身体のことも一切考えずに、ただ、音楽だけに注意を集中する。
2. 次は視覚の練習に入る。先ず、花とか絵画とか額縁とか、何らかの視覚対象を選ぶ。そのことについて考えてはならない。何も考えることなく数分間、その視覚対象だけを、じっと見つめて観察する。
3. 次は嗅覚の練習。暗い部屋で香を焚いて、その匂いだけに、意識を集中する。しかし、焚いている香の形とか、部屋とか、自分の

身体についてのイメージは一切除外して、全意識を匂いだけに繋ぎとめる。
4. 次は触覚の練習。湯船に身体をどっぷり浸し、リラックスできる体位で、湯に漬かり、皮膚感覚だけを意識する。
　　こうしてマインドを一時点で一つの感覚だけに繋ぎとめる訓練を積むことで、マインドのふらつきが次第に減少していく。

アーサナ

　瞑想する前に、ハタ・ヨーガのアーサナの実修が効果的である。適当なヨーガ・スタジオに通って、気持ちを落ちつけるアーサナ、簡単なヨーガ・体操を実修することが望ましい。

　体操では、自分の肉体の姿勢が、他人にどう見えるかに配慮する傾向があるが、アーサナでは、自分の肉体を自分がどのように感じているか、という点にのみ注意する。アーサナの実修で、内分泌腺を刺激し、手足や内臓筋肉に運動を与えて、身体全体の均衡を回復させることを目指す。精神的緊張は、肉体のどこかにバランスの狂が生じたためであることが多い。そこで瞑想でマインドの平静を味あうのに先立ち、まずはアーサナの実修を勧める。

　アーサナの種類はかなり沢山あるが、それらを全て学習する必要はない。幾つかを試してみれば、どのアーサナが自分に適しているかが分かってくるはずである。よい教師が見つかれば非常に良い。ただ、まず頭に入れておくべきことは、アーサナは競争するものではない、ということである。非常に難しいアーサナを見事にやって見せる人間が、必ずしもヨーガの達人というわけではない。

呼吸法の実修

　次のステップは、呼吸法の実修である。精神的緊張は大なり小なり、頭脳内部の生化学的なバランスを崩す。脳から不純物を除去するために、酸素供給量を増やす必要がある。普通の呼吸は極めて浅い。そこで脳は大体、酸素不足気味の状態に置かれている。精神的緊張やストレスにさらされている場合には、なおのことその状態が強まる。そこで、脳に十分な酸素を供給するために、呼吸法を実修することが必要

になって来る。

単純呼吸法

今度は、腹式呼吸を加味する。両手を握り、腹部にあてて、圧迫しながら、息を全部吐き出す。それから、腹を膨らませて、息を吸う腹式呼吸に移る。

八まで数えるが、最初四まで腹を膨らませていき、五からは胸を広げるつもりで、八まで数え、腹と胸に十分息を吸い込んだところで、息を少しづつ出していく。息を吐く段階で、最初は胸の上部から息を吐き、さらに腹を凹ましながら呼気を行う。こうして八を数えながら、息を吐き切り、それからまた八を数えながら息を吸っていく。実修を続けるうちに腹式呼吸に慣れ、この方法で呼吸を続けるうちに脳への酸素の流入が多くなっていく。

吸気から呼気に移る間に息を止める練習

次、息を吸いきったところで、息を少し止める。そうすると、脳全体に酸素が行き渡る。ただ、この呼吸法の実修には時間をかけ、注意深く行うことが肝要である。やり方は次のようである。

1．息を吸いながら八まで数える。
2．そこで息を止めて八まで数える。
3．息を吐きながら八まで数える。
4．吐き終わったら、ゆっくり同様に息を吸い始じめる。

この実修には細心の注意が必要である。出来れば教師か友人が傍にいる時が望ましい。通常よりも多量の酸素が脳に流入すると、人によっては数秒間、目まいが起きて卒倒する場合もある。ゆっくりとステップを踏み、慎重に実修に努め、気任せで途方もない目標など立てない方が望ましい。

オーム朗誦瞑想

次の段階は、思考過程から超越することである。通常、脳には絶えず思念が湧き上がって来る。一つの考えが別の考えを喚起して、際限なく続き、緊張が高まることがある。この過程を統御する一つの方法は、思念という言語発生に使われるエネルギーを、緊張緩和の過程に

振り向けることである。

　それには、オームという真言を唱えることである。この真言は、宇宙意識の象徴で、言葉で説明のつくような意味を持ち合わせていない。真言の朗誦に当たっては、ただ音韻にのみ意識を向け、神秘的な意味合いも考えてはならない。オームという音節は言語発生の始点である声帯の一番奥で発生される母音オで始まり、言語発生の終点であるムという子音で終わる。そこでオームは、象徴的に言語過程の始まりから終わりまでの全てを含むことになる。従ってこの真言は特定言語のものではない。むしろ、一切の言語を含むとさえ言えるのである。

　腹式呼吸を数分間実修した後に、オームの朗誦をする。静かな所に座る。結跏趺坐が一番望ましいが、初心者なら他の座りやすい形で座っても構わない。眼を閉じ、気持ちを楽にして、脊柱をすっと伸ばし、先ず深呼吸する。息を吐きながら長く「オー」と発音し、音を次第に口の前方に移しながら、最後に「ム」という発音で終わる。この真言を一回朗誦するのに十秒から二十秒かけるのがよいであろう。その時間を次第に伸ばして行く。オームという音の振動が頭脳の中に吸収されるような積りで行うこと。

　話をするにも、音は出さずに思念を働かせるだけでもエネルギーが必要である。このエネルギーを上手に統制できないと、人間はのべつ幕なしに、話をしたり、思考に耽ったりしてしまう。そして、これが又緊張と混乱を生み出すことになりかねない。

　オームを朗誦することにより、それまで言語や思念を生み出していた脳内エネルギーがこの音の発生のため消費される。口内と鼻孔の中で作られた振動は音として外に出ても、すぐその音は振動発生源の脳に戻って来る。脳はオームという振動を発生させながらも、その振動をまた受容して、そこに快い穏やかなサイクルが形成される。オームという語はイメージも意味も持たないので、脳を鎮静化する作用をもたらす。そこで脳は静けさを実感することになる。

　マインドを下降させる方法
　オームを十五回から二十回朗誦したところで、沈黙して全く静寂な

時間を作る。オームの朗誦は脳内の余剰エネルギーを活用して、脳を鎮静化する効果的な方法である。脳のニューロンは、アトミック・マインドを脳にしっかり把持できなくなる。するとマインドは脳の空所たる脳室に降りてきて、さらに深く脊髄の方へ移行し始める。すると、文字通り、平和が「上部から下降してくる」のが感じられる。平和は下がってくるもので、上がってくるものとは、決して表現されないことに注意されたい。アトミック・マインドが脊髄の方に下がって行けば行くほど、平和で穏やかな感じが深まって来る。そのような時に、イメージも言葉もない純粋意識を垣間見ることが出来るかもしれない。そうした時は、声を出さずに心の中で、オーム、オームと繰り返せばよい。

瞑想の場所

自宅の一隅に精神的実修の場を設けるのもよいことである。すると、その場所に座るだけで、心を整えるのにふさわしい雰囲気が自然に漂ってくるようになる。生命の内面に触れた霊感に溢れた書物を集め、日々決まった時刻に、それを読むのもよい。奇跡にまつわるような話は、出来れば避ける方がよい。精神的進歩の道程で気持ちを散漫にさせてしまうからである。

多面的に学ぶこと

ここでは瞑想について僅かなヒントだけを記しておく。瞑想については様々な技術が他にもまだ沢山ある。それについて、他の良い本や優れた教師から学ぶのもよい。心を素直に開放して、出来る限り多くの方面から学ぶように努めることは大事である。同時に、自分が行き逢う人々を正しく評価し、自分自ら、正邪をしっかりと問いただす権利を放棄してはならない。よい先生やグルは大変助けにはなるが、グルを持つということは絶対必要というわけではない。結局、この道における進歩は、自分自ら歩んで行くほかはない。

グループの効能

グループ瞑想は非常に効果的である。現代科学によれば、また本書で論議して来た哲学に照らしても、この世のあらゆるもの、あらゆる

人間はエネルギーの波動の、ある特定した形である。我々の思念もエネルギーの波動である。同じような気持ち持つ人達が集い、共に一緒に瞑想すると、グループ内の人達の波動が相互に増強されて、一人で瞑想する場合よりもずっと深くまで行くことが出来る。同じ理由で、もし自分が特別な親近感を抱いている人から瞑想について助言が得られると、それが大変な励ましになり、自信が強まる。こうしたことは他からは決して得られないからである。兎も角、如何なる状況下であれ、何をすべきかを判断する最上の審判者は自分自身であることを銘記しておくべきである。次に、その際の有益な判断基準を示しておく。

「他者への依存が強まる方向ではなく、
　自由が拡大する方向に進むべし。」

忍耐が何よりも大事である。一夜で結果を期待してはならない。課題は即座に解決すると、たやすく請け合う教師は要注意である。そうしたことは絶対にありえない。現代科学の教えによれば、宇宙の万物は相依相関であって、この世における我々の存在と科学研究とは総合的全体の不可分の部分である。宇宙的規模で進行中の事象の中で、あなたは自分自身の持ち場を発見するがよい。あなた自身が宇宙の一部である。自分の中に真摯な願望があるなら、あなたは間違いなく宇宙の一部である。そして、そのことが絶対的平和、絶対的幸福、絶対的自由の状態へと、あなた方自身を確り導いて行くのである。

　　　　　　　セミナー　テキスト　原題　*Mind and its Development*
　　　　　　　初出 1993 年 5 月　再出 1994 年 3 月　日本サンダハン発行

講演 1　古代インド思想の現代的意義

1. 古代インド思想序説

　まず、古代インド思想といっても、簡単に要約できるような同質的で統一的なものではないということを申し上げておきます。古代インド思想は、数千年もの長い年月を経て展開されました。およそ五千年前にヴェーダ聖典のマントラとして提唱された主要な考え方は、ゆっくりと体系的な形をとるようになったのです。その過程において、それらは多様な流れとなって展開し、時には全く別の方向に流れていることもありました。

　本論では、インド思想全体は扱わず、主要な思想さえも取りあげません。そうするためにはインド思想について一冊の本を書かねばならなくなります。本論では、インド思想の幾つかの主要な思想を取り上げ、インド思想を首尾一貫した全体像として提示します。これは、当然、私が理解した、私なりの見方であります。そこで従来のインド思想の見解と違っているかもしれません。しかし、私なりの見方を展開しながら、できるだけ本来のインド思想から逸脱せぬようにしながら、多様性に富むインド思想と文化の重要な諸要素の関連性とその現代的意義を考察したいと思います。

　インド思想の重要な特色は、哲学、心理学、宗教の区別がないことです。インド思想は主として人間の内的生活を扱っています。人間の内面に起因する問題は、哲学的問題、心理学的問題、宗教的あるいは社会的問題というようには区別がつけられません。人間のエゴ、攻撃性、恐怖、不安、疎外感、怒り、貪欲、不正、搾取などの問題は、全て人間の内面から生まれ、その解決は、人間の内面に求めなければなりません。そこで人間内面には如何なる意識が働いているかを知らねばなりません。

　人間の内的生活への強調はインド思想の一つの特色です。インド思想の多くは瞑想により発見されました。インドの聖者は自己を理解するには瞑想が必要だと考えました。彼らは他者を理解する唯一の道がまず自己理解であると考えました。自己の内面の真理を悟ってはじめて、その

思想を他の人に語れるのです。西洋哲学は、思索に始まり思索に終わるが、東洋哲学は、自己覚醒が目的であり、思索から始まっても、真理の具体的個別的な覚醒で終わろうとする、と述べ、オルダス・ハクスリーは両者の違いを明確に指摘しています。瞑想なしに、インド思想が何であるかを掴むことは出来ません。

　インド思想と他の思想との根本的な相違点は、最も基本的な世界の構成要素は何かという問題に示されます。思想家のあるものは、宇宙は基本的に物質からなり、時間の流れの中でさまざまな形を取り、ある段階に至って意識が副産物として現れると述べています。また別の思想家は、人間に関し、思考こそ最も基本的な要素であると述べています。そうした人々は、「われ思う、故にわれあり」と、主張したルネ・デカルトを引用します。デカルトは、人間の最も本質的な特色は思考することである、と主張しました。この彼の考え方に多くの哲学者も同意しています。

　しかし、インド思想に、幾つかの異なる流派があるものの、全て宇宙の基本的構成要素は意識である、という見方に立っております。インド思想の多様な流れの根底を探ると、さまざまな方法で取り組んできた問題が、意識にあることが分かってきます。仏陀の注意を引いたのは、苦しみという人間の意識の問題でした。また、ヒンドゥ教の聖典『バガヴァッド・ギーター』で説明されているのは、何が正しい生き方かを決める葛藤の中での人間の意識の問題です。また、自己と世界についての真理を見ることを妨げているものは、落ち着かない心であるという考え方がしばしば見られます。さらに、宇宙意識が、宇宙の究極的で唯一の構成要素であるという見解が、さまざまな角度から取り上げられています。意識の問題は、あらゆる時代のインド思想のあらゆる側面に何らかの形で浸透しています。このように、意識の問題は、インドの人々を何千年もの間、ずっと導いてきた縦糸（スートラ）であり、意識の問題は現代でも多くのインド人哲学者、詩人、著作家、芸術家の思想を導いております。

　『アタルヴァ・ヴェーダ』のマントラの中で、聖者は、全宇宙に浸透するこの意識の縦糸について次のように語っています。

> 宇宙には全生命をつなぐスートラ(縦糸)が浸透していることを、私は知っている。さらにブラフマン(宇宙意識)であるスートラ、すなわちスートラの中のスートラも知っている。(10.8.38)

この聖者は明らかに、全ての生命は宇宙意識に繋がっていると考えていました。宇宙意識について『リグ・ヴェーダ』のマントラを見てみましょう。

> 現在、宇宙に存在しているもの、過去、宇宙に存在していたもの、未来において、宇宙に存在するものは宇宙意識である。その宇宙意識は、この見える世界を超越した不滅の主宰者である。(10.90.2)

『ヤジュル・ヴェーダ』のマントラは、究極的真理の探究者がいる、と述べています。

> ある探究者が、この宇宙の天界と地界を巡り、更に他の宇宙もくまなく訪ね、あらゆる方向の彼方まで巡り、天国へも行った。そこで彼は躍動する真理の縦糸が全宇宙に浸透しているのを見た。彼は真理を観察し、真理の一部になり、自ら真理の要なることを悟った。(32.22)

『リグ・ヴェーダ』のマントラも、聖者は宇宙意識を次のように描いている。

> プルシャ(宇宙意識)は、千の頭と千の目と千の足を持ち、この地を四方から覆いつつも、この地を超えて存在している。(10.90.1)

ヴェーダの聖者のヴィジョンに見られる中心的な思想は、あらゆる生命は同じ意識の現われであるという思想です。あらゆる生命は、宇宙意識から創造されるだけでなく、それぞれの生命の活動の中に宇宙意識は顕現しているというのであります。

しかし、個々の生命は別々の存在であるということは、日常的な事実です。生命は個体として生まれ、個体としてこの世を生き、個体として死んでいきます。それだけでなく、常に我々はこの世界を個人の立場から眺め、個人として喜び、苦しみます。では、どのように、この宇宙意

識は個人に現れているのでしょうか。

　この問いに答えるには、サーンキャ学派の考え方が役立ちます。サーンキャ学派によると、世界は、プルシャ（宇宙意識）とプラクリティ（宇宙エネルギー）の相互作用によって創造されます。世界創造の最初の創造物はマハトとかブッディ（純粋知）です。しかし、進化の次の段階では、無数のアハンカーラ（自我）が作られます。このため、一つの宇宙意識が異なる方向に動き始めます。自我の中に、世界で活動し、世界を探索し、特定の観点から世界を味あおうとする欲望が生じます。この自我の欲望こそ、心と感覚と身体における行為の流れを作り出すことになります。感覚と身体の目的は、身体の中にあって身体を支配する自我の欲望を満足させることにあります。

　宇宙意識には何の動きもなく、方向もありません。しかし、自我の要素は個々の意識に方向を与えます。全ての喜びと苦しみは、個人意識が特定の方向に動こう欲するために生まれます。特定の食物を食べることを欲し、特定のライフスタイルを選び、特定の努力を積んで成功することを望み、特定の人に愛されたいと願い、特定の目的のために特定の領域の科学的研究をすることを欲します。更に、特定の必要から神を見出し、特定の教養によって神を理解しようとさえします。

　個人は、意識が望んだ方向に動くと満足して喜ぶものの、出来なかった場合、嘆きます。全ての衝突と苦悩は異なる個人が異なる方向へと、無数の様相の意識を表すからです。彼らは全てこの世を特定の観点から享受することを望みます。しかし、この世における欲望充足の手段は限られますので、個人の間、集団の間の争いは避けられません。

　これらの争いは様々な形を取ります。家族の中で誰の望みを優先するか。一人の女性を愛する二人の男性の内、どちらが彼女と結婚するか。次のフットボールの試合でどのチームが勝つのか。次期の社長や首相は誰になるか。どのコンピュータやソフトウエアが市場を占拠するか。どの国が世界のリーダーとなるか。どの宗教的教義が広まるか。これらの全ての争いは、異なる自我が、同じ対象によって欲望を満たそうとすることから起こります。この利己的な欲望がある限り、個人の内面にも世

界にも苦悩が存在し続けます。

　この状況を明確に理解するためにヴェーダ聖典を再び見てみましょう。『リグ・ヴェーダ』は、個我と神（最高我）という関係を美しい比喩で表現しています。

　　美しい翼を持つ二羽の鳥が、お互いに友として、いつも共に同じ木に止っている。その中の一羽の鳥は木の実をおいしそうに食べている。別の一羽は木の実を食べず、ただ、黙って眺めている。
　　(1.164.20)

　この比喩は分かりやすく、美しい。同じ一つの意識が方向を持ち、世界を享受するように動く時、個我となり、世界の享受を止めて、観察者になる時、束縛や苦しみから解放され、神と一体になります。

　これはインド思想のエッセンスだ、と私は考えます。そこで要点をまとめると、次のようになります。
　1．宇宙は、宇宙意識と宇宙エネルギーの現われである。
　2．エゴ（個我）も宇宙意識の現われであるが、特定の欲望を充足しようとして、真の在り方を忘れ、その過程で、個我は真の姿から離れていく。
　3．欲望の充足と共に苦しみが生まれる。個人が利己的欲望を抱く限り、苦しみは生まれる。
　4．人間は苦しみを意識すると、その原因を見つけ出し、苦悩からの開放を求める。苦からの解放の道は「サット、チット、アーナンダ（純粋な存在、純粋な知、純粋な喜び）」と言われる、自己の真の本質に帰ることである。

　これらのことは、約三千年前、ウパニシャッドが書かれた時代までには表現されていたのです。その後のインド思想の発展には、次の二つの主要な目的が存在していました。
　1．これら直観的に把握された古代の思想を体系化し、人々に理解できるようにすること。
　2．人間の魂の本質的目的たる、世界を享受し、魂を束縛から解放する方法を発見すること。

ところで、全てのインド哲学の学派がヴェーダ聖典を認めたわけではあるません。その中でも、仏教とジャイナ教は、ヴェーダ聖典を盲目的に受容するようになったバラモンの権威を認めませんでした。二千五百年前、ブッダとマハヴィーラが説いたこれらの宗教は、インド社会におけるバラモン教の祭司達の支配に対して反乱を起こしました。バラモン教の祭司達は、ヴェーダとウパニシャッドの真の霊的メッセージを理解していませんでした。彼らは利己的な欲望から、彼らの権威の下で特定の犠牲供養を行うことによってのみ、人々は救済されると説くようになっていました。

非ヴェーダ的思想体系である仏教は、日本に大乗仏教が広まることによって、日本でよく知られるようになりました。しかし、仏教は哲学としてではなく、信仰と儀礼の宗教として日本に伝わりました。仏教哲学を深く探ると、世界と人間の究極的実相の本質と救済の方法については違いがあるにしても、ウパニシャッドの哲学と仏教哲学には多くの共通点があります。

S．ラダクリシュナン博士は、その記念碑的な著作『インド哲学』の中で、インドの宗教思想のさまざまな学派や流派を深く研究しています。そして、ヴェーダのダルマ（法）と仏教の関係について次のように述べております。

> ブッダの信仰はヴェーダ聖典と対立した異質のものであるという一般に広まっている見方は、インド宗教史についての継続的な誤解に基づく。[本書の前の章の]仏教に関する我々の議論において、繰り返し主張したように、ブッダはウパニシャッドのダルマの確立のために現れたのであり、その土台を崩すために現れたのではないことを意味する。仏教と不二一元論のヴェーダンタの見方に類似性があるのは疑いないし、これらの思想体系がウパニッシャドを基盤にしていることを考えれば、驚くべきことではない。(*Indian Philosophy*, II, p.472)

カースト制の本義

　プルシャ（宇宙意識）は深いレベルでは一つであるとしても、その現実には相異なる個々人として具現します。この意識の現われ方の違いを説明するために古代インドで考え出されたのが、四つのヴァルナ、後にカーストと言われるようになった制度です。カースト制度ほど、インド内外で誤解され悪用されてきたものはありません。元来この制度はどのように考えられていたのかを次に述べます。

　人間の類別について最初の記述は『リグ・ヴェーダ』に出てきます。プルシャ（宇宙意識）がどのようにして、人間として現れてきたか、ということが述べられております。本来形のないプルシャが人間の姿を取り、身体の四部分が四つのヴァルナと見なされました。即ち、ラモンが頭、クシャトリヤは腕、ヴァイシャが胴体、シュードラは足と見なされました。これが基になりバラモンを最上位とし、シュードラを最下位とする明白な階層が生まれました。

　インド思想では、人間は平等には生まれてこないとされています。この考え方は現在広く提唱されている民主主義の規範に反するということは私にもよく分かります。現在の民主主義思想によると、全ての人間は神により平等に造られているとされていますが、現実には、人間は平等に造られておりません。たとえ平等な教育機会を与えられても、個人により成長レベルは異なります。教育を受ければ受容する情報量は増えて、技能も高まりますが、その意識の質まで高めることは極めて難しいのです。

　例えば、この数十年間多くの人々がコンピュータ技術を学びましが、それにより彼らの意識が深いレベルに至るまで変容したわけではありません。そして、実際、人間は平等には造られておりません。彼らはコンピュータを、ペンやタイプライター、計算機と同じような道具として使っているにすぎません。これは明確に認識しておかねばならない事実です。科学技術や商業、産業の発達は人間の意識に対し全く影響を与えておりません。それ以前まで行ってきた彼らの活動に対しより優れた手段を提供したに過ぎません。

意識の質から見ると、全ての個々人はそれぞれ異なっています。六十億の人間がこの地球上にいれば、六十億のタイプの人間が存在します。この多様な人間を理解するために、恣意的、人工的であっても何らかの類別が必要でした。そこで全ての社会に人間の類別がありました。例えば、日本では、江戸時代に士農工商の区別がなされていました。古代インドにおける四つのヴァルナの区別は、異なる人々の意識の質の相違に基づくものでした。心理的な区分であるため、インドのみならず、あらゆる時代の全ての社会に適用し得るものであります。この区分の基盤を簡単に見ていきましょう。

　第一のカテゴリーのシュードラは、学習能力が限られ、殆ど身体的レベルでのみ生活しております。彼らは深く考えることが出来ず、他の人から指示されて生きています。彼らは野心的でも競争的でもなく、肉体的必要が満たされれば満足しております。全ての社会にそのような人々はおります。そうした人々は、政治、経済、宗教、哲学などの問題には全く関心がありません。そこで、ある意味では、最も幸せな人々と言えるかもしれません。

　第二のカテゴリーは、これまでのところ人間社会の最大勢力です。彼らは物質的、金銭的所有を追及して止まない人々です。インドの伝統では、彼らはヴァイシャと呼ばれます。彼らは知的能力をもっておりますが、それは金儲けのためのみに使います。彼らにとってお金を得る手法は問題ではありません。例えば、個人生活においては喫煙が身体に悪いので、喫煙すべきではないと考えています。しかし、タバコ販売で金儲けが可能なら、躊躇なくタバコを売ります。彼らの唯一の目的は、ただ、お金儲けであり、所有を増大させることです。現代社会では、そのようなヴァイシャに属する人間が増えています。教育システムもそのような人々の欲求に沿うようになっております。今日のよい教育は、若い人々をよいヴァイシャ、即ち商人階級のよいメンバーにする教育になっております。

　第三のカテゴリーは、金銭を求めるのではなく、名誉や権力を求める人々です。インドでは彼らをクシャトリヤ、即ち武士階級と呼びます。

日本の武士は、クシャトリヤ精神をよく体現している実例です。彼らは名誉と威厳のために生きます。彼らは他の人々のために働こうとしますが、それは自分の名誉欲や権力欲を満足させるためです。彼らにとって自尊心は大変重要であり、名誉を汚さぬように命をかけます。

　最後のカテゴリーは、極めて少数派で、お金にも権力にも興味を示しません。彼らは宇宙と自己についての真理を知ろうとする人々です。優れた知的能力を持ちながら、それをお金儲けや地位や権力を得るためには使いません。質素な生活を送り、高邁な思想を持っています。少数ながら如何なる社会にもこの種の人間は存在します。プラトンはこのような人々を哲学者と呼び、哲学者が世界を統治すべきだと考えました。インドでは、そのような人々をバラモンと呼びます。語源的には、この言葉はブラフマン（宇宙意識）に献身する人々を意味します。ソクラテスは哲学者もしくはバラモンの典型的人物です。現代における優れたバラモンとして、マハトマ・ガンジー、アルバート・アインシュタイン、J・クリシュナムルティ等の名前が挙げられるでしょう。その他にも多くの人々がおります。広池千九郎博士も、その生涯を見ると、彼が優れたバラモンであることが分かります。

　古代インドで、バラモンは大変尊敬されておりました。バラモンは統治をクシャトリヤに任せ、統治者たちの統治について忠告する立場にありました。古代インドにおいてさまざまな領域で優れた知識が生み出されたのは、お金や権力にとらわれず、知識追及のためのみに自分の生涯を捧げる人々がいたからです。実際、真のバラモンは質素な生活、清貧な生活を送ることが求められました。そうすることで、彼らの注意は物質的快楽には向かわなかったのです。

　残念ながら、最良の社会思想についても起こりうることですが、この四つの社会的区分は堕落してしまいます。極めて深い人間理解に基づくこの区分は、世襲的カースト制度になり果てました。バラモンの息子たちは自分たちをバラモンと呼ぶようになり、社会の指導者であると主張するようになってしまいました。これら世襲によるバラモンたちは、人生の深い意味を少しも理解することなく、利己目的のために人々を搾取

することに、もっぱら関心を向けたのです。特に教育を受ける権利を与えられなかった人々、シュードラに対し大きな不正を働くようになりました。インド社会には現在も世襲的で頑迷極まるカースト制度の下で苦しむ人々がいます。

人生の四段階（アーシュラマ）

　現代においても有益な古代インドの考え方に、人生四段階の説がある。古代の平均寿命は百年と見なされていた。ヴェーダ聖典には、人は肉体的・物質的に他の人に頼らずに、百歳かそれ以上生きることが出来るという見解が出ています。この百年の一生は、二十五年づつ、四つのアーシュラマに分けられます。第一段階がブラフマ・チャリヤ・アーシュラマ（学生期）で、この時期には、学生は師匠の家族の一員として、師匠の家（グルクラ）に住み、社会人として必要な知識技術また彼の的発達に必要な知識や技術を習得します。また善良な人間になるために必要な性質を発達させるため、支援を受けました。師匠の家族からの影響も役に立ちました。通常、バラモンの息子はバラモンとして暮らしていくために、クシャトリヤの息子はクシャトリヤとして暮らしていくために準備しました。カリキュラムは多種多様にわたり、あらゆる教科が教えられました。

　第二段階は、グリハスタ・アーシュラマ（家住期）で、青年は結婚して子供を産み、家族を維持育てる時期です。このアーシュラマは社会の中心部に居住し、物質的に他の三つのアーシュラマを支えます。生涯独身を貫く宗教的修行者のような特別の例外者を除いて、家庭生活を送ることは、あらゆる人間の義務でもありました。古代インドでは結婚して家庭を持つことは霊的宗教的求道とは矛盾せず、両立するものと考えられていたことは注目に値します。深遠な宗教的真理を悟ったウパニシャッドの聖者の多くは結婚しておりました。霊的宗教的向上のために、独身生活が必要だとされるようになったのは、ずっと後代になってからであり、インド思想全般として、その考え方は支持されておりません。

　家庭人としての第二段階の時期も、二十五年と考えられました。第二

段階の終わりごろには、息子も教育を終え、結婚して、家族の伝統を継承します。五十歳ごろになると、父母は家族への責任から解放されます。父母は学習と思索と瞑想の生活を送るために、家族から離れ、森に隠棲します。この段階をヴァーナプラスタ・アーシュラマ（森住期）と呼びます。この時期は人間存在の神秘を探り、解脱のために霊的探求を行う時期であります。間接的に社会奉仕を行うことがあります。多くの人の師匠となり、師匠の家（グルクラ）を開きます。そして、自分たちが数十年前に師匠から受けたように、若い世代の教育をします。

最後の段階は、サンニャーサ・アーシュラマ（遊行期）で、これはサンニャーシン（修行者）の段階です。この時期では、人は完全な放棄の誓いを立て、全ての世俗的執着から解放されます。各地を常にさまよい、自分が人生で得た知識を広めて行くのです。サンニャーシンは遊行が困難な雨季を除き、三日以上同一場所に滞在しないと言われていました。大衆的な公教育のなかった時代において、このように遊行するサンニャーシンは、人間的価値と人生の永遠の真理を伝える伝道師でした。現代でも彼らはある程度その役割を果たしています。マスメディアがなかったにもかかわらず、インドの社会が文化教育を大規模に行うことが出来たのも、サンニャーシン制度のお陰です。仏教もジャイナ教もバラモン教には反対しましたが、修行者のこの伝統は維持し、大きく発展させました。

人生の四大目的

次に別の古代インドの人生に対する見解、即ち人生の四つの主要目的についての考え方に移ります。人間は動物とは多くの点で異なります。一つの主要な違いは、人間は考えることが出来るので、この世で生きる目的を見つけて、それに従って人生を計画することが可能です。ただ、お金儲けや肉体的欲望の満足のためにお金を使うのならば、我々の生活の基準は動物と大して変わりはありません。動物も知力と肉体的能力を用いて、肉体的欲望充足のために生きます。人間も物質的、肉体的欲望充足のために知力と精神力を使うなら、それは極めて皮相で非常に浅薄な生活ということになります。

古代インドの聖者たちは人生には四つの目的がある、と主張しました。それがダルマ、アルタ、カーマ、モクシャの四つです。先ずダルマとは、人間生活における自然の法則です。我々は外的にも内的にも何らかの法則により支配されています。知的に生きるためには、これらの法則を発見し、学ばなくてはなりません。これらの法則を総体的にダルマと称します。ダルマは翻訳しにくい言葉ですが、法則、ものの本性、自己と他者への義務などを意味します。

　人生の、第一目的はダルマであり、人間は自然や人間生活の法則を学び、それに従って生活すべきなのです。

　第二の目的がアルタであり、それは一般的には物質的富の生産と獲得です。インド思想では貧困を推奨してはおりません。ヴェーダの時代から物質的繁栄の達成は、人生の重要な目的の一つでした。ヴェーダ聖典には、正しい手段によって繁栄が達成されるべきであるという祈りが繰り返し現れております。ダルマに従って物質的に繁栄することは、望ましい人生の目的でありました。繁栄なしには人生の次の目的も達成できないからであります。

　第三の目的がカーマ（欲望）です。古代インドの哲学者は欲望の抑圧や放棄を提唱しておりません。実際、人間にとって欲望を持つことは自然であるし、欲望は充足すべきものであります。ただし、ダルマに従って充足すべきなのです。インド料理やインドの服装は多様性に富み、インドには沢山の祭りがあり、舞踏や音楽やその他の芸術が多様性に富んでいるのは、古代インドの人々が、人生は怖がったり避けたりするものではなく、神の贈り物であると信じていたからです。人生を祝い、楽しむために我々は存在しています。しかし、人生を楽しみつつも常にダルマには従わなければなりません。

　ところで、ヴェーダとウパニシャッドの時代には、カーマはあらゆる欲望を意味する言葉でしたが、後に、最も強い性的欲望を意味するようになりました。古代インドでは、西洋のように性的欲望は汚いものとか罪深いものとは見做されておりません。性欲の強い力は容認され、結婚生活において楽しむことが定められておりました。インドの全ての男神も女神も結婚しており、そのために礼拝に値しないとはされておりません。外壁に性的な愛のあらわな姿を彫刻した寺院もあります。そこには、信者はまず世俗的欲望を豊かに楽しみ、それから霊的存在の瞑想のために寺院の中に入るという考え方があります。

第四の人生目的は、モクシャ(解脱)です。全ての人間は束縛されています。肉体的欲求や社会的条件により束縛されているだけでなく、自分の心や自我によっても縛られています。人生は自分では統御の効かない心と自我により支配されているのです。それはあたかも、ブレイキのきかない車を運転しているようなものです。そうした制御できない状況のために人生には多くの事故があります。

　人間はこの世において絶対の平安と幸福を望みますが、それには絶対自由の状態がなければなりません。人間の苦しみの主要な原因は彼の意識が制限され、心と自我により束縛されているからです。このため人間は特定の目的のために特定の観点から自らの欲求を満足させようとします。それが、衝突や紛争を引き起こします。もし人間がもともとあった宇宙意識との一体感を見出すことが出来れば、何の束縛もなくなるのです。何故なら、その状態において、彼の意識は全ての存在の意識と一体であるからです。外的にも内的にも対立や抗争はなくなります。彼は全ての存在の友となり、彼はモクシャ(完全なる開放、解脱)の状態にあるからです。

2.　古代インド思想の現代的意義

　前述したことは現代的意義があると思われる古代インド思想の短い素描です。それはインド思想の全体的概説ではありません。現代的意義という観点からは、もっと多くの思想も取り上げるべきであろうと思います。ここでは前述した思想が現代において如何なる意義を持ちうるか、を検討します。

　先ず、「全宇宙は宇宙意識の現われ」という説を取り上げます。これは、既に述べたように、ヴェーダ聖典の時代から現代に至るまで、インド思想の主流における不変の原理です。遍く永遠に存する宇宙意識について、ヴェーダ聖典では、パラアートマン、プルシャ、ブラフマン、インドラなどと、様々な名称で呼ばれています。

　一般に、仏陀は永遠なるアートマン(我)は存在せず、世界は無常である、と主張したと信じられています。しかし、これは仏陀の考えを誤解したものです。前述した本の中でラダクリシュナン博士は、仏陀は基本的に、ウパニシャッドの原理を提唱した、と言っております。古代インドの聖者が発見した古くか

らの真理を、仏陀自身が批判するとは考えられません。
　しかし、仏陀の生涯の使命は、形而上学の抽象的な原理を説くことではなく、人間をその苦しみから救うことでした。苦しんでいる人の問題に取り組んでいる時に、究極的実在についての理論的議論はあまり役立たないのは事実です。あのオールダス・ハクスリーが、仏陀に匹敵する人物と言っているJ・クリシュナムルティも、人間を苦悩から救うのに、究極的実在についての議論は無益である、と述べています。仏陀と同じように、クリシュナムルティも、人生においては心が中心であり、執着を離れた平和な心となることにより、苦悩から抜け出せると主張しています。
　しかし、意識は、幾つかの理由から現代的意義を持っております。実際、我々は意識からは逃れ出すことは出来ません。我々の全ての感覚、感情は、意識の変容したものであって、感覚・感情は全ての我々の意識的行為を常に導いております。もし我々が自分自身についての究極的な真理を知りたければ、自分の意識の本質と源泉を探求しなければなりません。これは極めて理性的アプローチであり、感情や神秘主義には関わっておりません。意識の本質と源泉の探求の過程において、自分の内部で何が起こっているのかを観察するために、目を閉じて静かに座ることが必要ならば、我々はそうしなければなりません。そうしないことは非理性的です。
　眼を閉じて内面を眺めることによって、我々は宗教や霊性の世界に導かれるのです。現代人は、宗教の必要性を感じてはいるものの、宗教的権威に盲従することは出来ません。知的な教育がそうすることを妨げるのです。理性の働きを放棄せずに辿って行ける宗教の道はあるのでしょうか。特定宗派や教義への盲目的信仰によらず、理性の力で現代人を究極的宗教的霊的真理に導く道は存在するでしょうか。ヴェーダとウパニシャッドの聖者が示した道が、ここにおいて役立つ、と私は考えます。聖者たちは、神と人間の魂は一つであると強調しております。神を知るには自分自身を知らなければなりません。
　しかし、現代人にどうしてそれが出来ないのか。それは、人間の落ち着かない心が常に自分の中で邪魔しているからです。もし人間が、言葉もイメージも現れないほど、心を完全に静寂に保つことが出来れば、直ちに神と一つになった意識に到達できるのです。ヴェーダとウパニシャッドによれば、「神は言

葉を超えた意識です」。簡単に言えば、我々が、心と脳を完全に静寂にすれば、言葉は全く湧出することなく、我々の意識は宇宙意識と一つになります。

　古代インドの聖者によってこの真理が悟られてから、如何にして心を平安にするかが探求されてきました。このために、インドではヨーガが広く行われるようになったのです。ヨーガの最高権威であるパタンジャリは、「ヨーガとは全ての心の作用の完全静止である」（チッタ・ヴリッティ・ニローダ）と定義しております。そして、そのような状態に到達した人は、人間の真の在り方を実現しております。パタンジャリは、人間の真の在り方について詳しくは述べておりません。それぞれの人が自分自身の直接体験によって、経験的にそれを掴むことが出来るのです。それを掴んだ人は、それは真の自己と神とを同時に実体験すると、述べております。そのために、ヨーガは個々の魂と神との統合である、としばしば言われるのです。

　ここで、あらゆる聖典、教義、儀礼、権威を超えた「普遍的宗教」という考え方を提起します。これは神を自分の内に発見することを奨励するものです。この場合、神の発見とは、涅槃への到達と同意義です。ここでもまた、神と涅槃の概念の文献学的議論は役に立ちません。それは個々人が自己の内面において試みるべき体験的なことだからです。我々が涅槃か神のどちらかに到達したならば、我々は両方に到達したのです。それだけでなく、キリスト教でいう「キリストの意識」、イスラム教スーフィの伝統でいう「ファナ」に到達したのです。要するに、人が完全な心の平安に到達したならば、その宗教が何であれ、その人は人生の究極の宗教的目標に到達したことになります。

　ここで付け加えると、インド的観点からは、宗教的探求の究極的目標は、科学的探求の究極の目標でもあります。既に見たように、ヴェーダ聖典によると、存在した全てのもの、未来に存在するであろう全てのものは、宇宙意識の現われに他なりません。宇宙意識は神そのものであり、宗教的探求の対象でもあります。しかし、その同じ宇宙意識は我々の周りの宇宙として現れています。それ故に、究極的な科学的探求は同じ意識に我々を導くのです。エルウィン・シュレディンガーは、ノーベル物理学賞の受賞後に、『私の世界観』（*My view of the world*）という著作を出しました。彼はその中でウパニシャッドと『バガヴァッド・ギーター』から引用しながら、宇宙の究極的実在（リアリティ）

は、あらゆるところに異なる形で現れている宇宙意識であると明白に述べております。この見解を支持する他の偉大な科学者もおります。この実在は、宗教的探求と科学的探求の到達点であり、我々の内部にも見出せるのです。この実在を知るためには、我々の心と脳に、言葉もイメージも湧出しない完全な静けさをもたらせばよいのです。その完全な平安の境地において、究極的実在と我々が一つであるということが分かります。

人間の四類型

しかし、既に申し上げた通り、宇宙意識は全ての存在に一様に現れるわけではありません。何故そうなのかは分かりません。この世界の創造と人間の誕生が宇宙意識の選択であったように、そのことも宇宙意識の選択なのです。明白な事実は、宇宙意識は異なる個人に異なる現れ方をするということです。このことが人間の四つの型に関係しています。型の数は重要ではありません。個々人の意識が異なる型であるということは事実です。現代社会は「もの意識」とも呼ばれます。そうした意識は、ますます物質を生産し、販売し、消費することに関心を向けます。言いかえると人類はヴァイシャ(商人)的精神を持った人か、クシャトリヤ的精神を持った人によって支配されてきました。言いかえると、世界は暫く前まで、無私の心で他者に善を為そうとする人か、名誉と権力のために他者を支配しようとする人によって支配されてきたのですが、現在は、人類の歴史初めて、世界は物質的富やGNP国内総生産にのみ関心を示すヴァイシャの精神を持つ人達に支配されるようになったのです。

とはいえ、私は貧しい生活を勧めるわけではありません。インド思想は豊かな暮らしをするためにあるとも申し上げました。今日までに生産された物質は、確かに我々の快適な暮らしや福利を増進させました。しかし、問題は、人々の精神全体を少しも歪めず、物質的繁栄をもたらすことはできないか、ということです。人生の目的が物質の生産と販売と消費であるとする現代の消費主義の思想は、人々、特に子供たちの精神を大きく歪めてしまいました。一例を挙げれば、現代の産業と商業は、宣伝活動なしには繁栄できません。製造業者が製品を生産するだけでは十分ではありません。製品は当然、販売されなくてはならず、そのため、人々は、本当は必要としない物への需要を人工的

に作り出しています。今日の宣伝の多くが事実の歪曲に基づいています。子供たちは、先生や親たちの忠告よりもマスコミを介した宣伝の影響を受けています。大きく華やかな宣伝の声は、年長者の柔らかな忠告よりも子供たちを惹きつけています。言葉はその意味を失い、人類にとり最も価値あるものが軽視されています。神聖なものは、もはやなくなりました。そこにあるのは、重要なことは売ることであるというヴァイシャの精神です。クリシュナムルティは、我々が本当に子供を愛するなら戦争はなくなるだろうと述べています。本当に子供を愛するなら、直ちにマスコミによる宣伝は止めさせるべきです。しかし、そうすると、経済が大きな危機に陥るでしょう。そこで、経済の急速な発展を取るか、子供たちの精神的な健康を取るかの、選択をしなければなりません。これは大げさな表現ではありません。人類の未来は物質的発展よりも子供たちを愛するか否かにかかっているのです。

　幸いなことに、少数ではあっても、どの社会にもバラモン的精神を持った人が常に生まれてきます。どの社会にも、お金儲けや他の人との競争に無関心の子供たちがいます。不幸なことに現代では、そういう子供たちは脱落者と見なされます。彼らに対して、もっと所有欲と競争心を持つよう親や社会から大きな力がかけられます。これは大きな悲劇です。多くの子供たちは、外的な世界よりも内的な生活に関心を持ち、人生の深い真理を探し求めています。しかし、我々の教育制度は彼らの必要を満たしておりません。そのような子供たちは、未来のブッダになるかもしれないのに、教育と社会全体の物質主義の強調によって、最も優れた子供たちが社会的不適応者と見なされてしまっています。そして、しばしば精神病院に収容されたり、自殺に追いやられています。優秀な若い男女が心の平安と解脱を約束するニセの宗教指導者の影響を受けるようになり、やがてこれらの罪のない青年たちがニセの宗教指導者の精神的奴隷になってしまうのです。最近、日本で起きた事件は、人生の深い真理を探究しようとする若者たちが、感受性の強い時期に、正しい道を示されなかった場合の危険性を示しています。

人生の四段階

　古代インドの人生の四段階という考え方にも現代的意義があります。イギリ

スの詩人ワーズワースは「我々には言葉がありすぎる」と言いましたが、彼の時代には、コミュニケーション手段は限られていて、ラジオ、テレビ、携帯電話、マスコミの宣伝合戦によって人間の脳が攻撃を受けている時代ではありませんでした。今日、言葉はかつてないほど充満しています。我々は物質世界を支配しているという幻想を抱いています。実際は、我々は物質世界に支配されています。クリシュナムルティが述べているように、我々が所有物を所有するよりも、我々の所有物が我々を所有しているのです。生産と消費のためだけに生活すること、また、そのためだけに子供を育てることは、人間の持っている可能性について極めて狭い不適切な見方です。

　人生については、もっとバランスのとれた見方が必要です。我々は生産と消費をする動物としてのみ存在するわけではありません。我々の真の在り方、真の運命を知るためにも存在しているのです。エルヴィーン・シュレーディンガーは、科学の最大の目的は、人間とは何であるのかを、理解することにあるとして、次のように述べています。

　　　科学は、あらゆる他の疑問を含むところの一つの大きな科学的疑問、プロティノスが簡潔に表明した疑問、即ち「我々自身は一体何なのか」に答える我々の努力の総合的部分である、と考える。それだけでなく、それは科学の多くの課題の一つではなく、課題そのもの、真に価値ある唯一の課題なのだ、と私は考えます。

　我々は、自分の本質に無知である限り、囚人の生活をしているのです。我々はいつも自分では制御し得ない力に支配されています。自分自身が主人公になるには、自分が誰であるかを知らねばなりません。自分の本質探求には時間がかかるし、そのためには、物質的な事柄へのとらわれを放棄しなくてはなりません。我々の活動的生活の大部分が、物質的生産と消費に関わっているので、多くの人が、退職後の生活なるものは役に立たない生活だと考えるようです。六十歳頃までは世に役立つ生活を送り、その後の余生は、辛抱強く死を待つだけだという風に考えてしまいます。古代インドの思想では、個人の真の人生というのは、家族に対する責任を果たし、引退してから始まるというのです。彼らは活動的な世俗的生活を、五十歳までと考えていましたが、現代なら六十歳頃になるでしょう。重要なことは、家族への責任から自由にな

ってから、自分が何をするかです。それは、自分の人生を冷静に観察し、この世に何故自分が生まれたのか、これまで自分が本当に達成したことは何かを、しっかり見つける時期なのです。この点において、人生を四つの段階に分ける、インドの考え方は非常に有益であると思います。現代において、我々は、折角の人生の大部分を無駄にしてきたみたいですが、引退後の時期が、自分に最も貴重で価値がある時期と知るべきなのです。

　今日では、哲学、宗教、芸術は、直接的に物質的生活に役立たないとうことで、隅の方に押しやられています。しかし、哲学なしに人生を生きることは、見知らぬ道を地図なしで歩くようなものです。我々を機械的に忙しくさせてきた九時から五時のスケジュールが、埋まっていない人生の後半になると、多くの人々がどうしてよいか分からなくなっているのも、驚くべきことではありません。この時こそ実は瞑想の価値を知る時期なのです。瞑想には五十歳、六十歳の成熟した時期が適しています。この時期になると心は比較的落ち着きます。身体的には、既にこの世の多くのものを体験し、味わってしまっている時期になります。人生に退屈したり、失われた青春時代に執着する代わりに、この成熟の時期に、人生の真の目的が何かを思考し、それを達成するために努力することが望ましいのです。

人生の四大目的

　最後に、人生の四大目的について述べます。現代人は、限定された程度に、ダルマ（人生の法則）とアルタ（富）とカーマ（快楽）という人生の初めの三つの目的には注意を払いますが、モクシャ（解脱）という、人生の最後の大きな目的を全く無視しています。人生における平安と幸福を多くの人々は必死に求めていますが、それは単に物質的快楽を追及するだけでは得られません。これらの物質的喜びは人生のある時期には良いものですが、その時期を過ぎると、それらは重荷や罠になります。人生の物質的側面を超えたものについて無知な人は、物質的生活が満たされ、心も満たされた時に、非常に困惑してしまいます。物質的生活を超えたものを何も見ることが出来ないと、彼らは非常に戸惑いを感じ悩みます。物質的な欲望の充足の果てにある大きな目標は、それぞれの人が自分自身の中に見出す束縛からの解放であると、

古代インド思想は主張します。

　モクシャ(解脱)は、抽象的でも神秘的でもありません。死後、来世で達成する境地ではなくて、この世において達成すべき境地です。我々は人生の幸福を求めますが、絶対的自由なしに永続的幸福は得られません。欲望、無知、執着、偏見、とりわけ自分の心から自由にならなければなりません。ここに絶対的平安、幸福、自由の境地への進化の道が開けます。しかし、それぞれの人が自分自身でこの進化をもたらすための努力をしなければなりません。

　インド思想は大変知的で合理的な思想です。古代インドの聖者たちは、自ら確認しなかったことは語りませんでした。彼らが宇宙意識や神について語ったことでさえ、経験に基づいたことであり、我々、個人個人が直接確かめられることなのです。しかし、多くの人は目を閉じて真の実在を知るために内面を見つめることを恐れています。その結果、外的世界については多くのことを知っていても、自分自身については無知なのです。そして、知らないことは我々に災いをもたらします。現代人は快楽を追及してあちこち歩き回り、自分自身から逃げています。

　長い間、我々は科学技術と産業と商業の偉大な成果に幻惑されてきました。これらは確かに良いものであり、必要なものではありますが、それだけで十分とは言えません。それらは確かに人類が長い間発達させてきた欲望を充足させてきましたが、人間の真の問題は依然として未解決です。人類の進化のためには、人生を別の視座から発展させなければなりません。古代インドの思想は、そうした新たな視野を切り開くのに大いに役立つものと考えます。

1998年　麗澤大学　講演
通訳　竹内啓二

☆1. Aldous Huxley, *The Human Situation: Lectures at Santa Barbara in 1959*, p.211
☆2. Erwin Schrödinger, *Science and humanism : physics in our time,* Cambridge U.P. 1951, p.51

講演 2　人間の危機とJ.クリシュナムルティ

　二十世紀は人類史の中で最も画期的な時期でありました。科学技術の長足の進歩とそれが産業と貿易面に及ぼした凄まじい影響により地球表面と人々の生活習慣は根本的に変わってしまいました。百年前の人々は、テレビによって家にいながら遠くの出来事を眺めたり、空を自由に飛び回ったり、宇宙船に乗って月や惑星にまで人間が行けるようになるとか、自然界の秘密を説明する壮大な科学理論が出現するとは、夢にも思わなかったでしょう。

1.　クリシュナムルティの特異性

　とはいえ、現代の地球上における様々な画期的変革と対比して、クルシュナムルティという人物がユニークな生涯を送ったという事実は、極めて特異なる意義を持つものであります。科学的発見と技術的発明、産業・貿易の進展、強力な破壊手段の開発といったものは、全て、文明社会に入って以来、人間が努力を傾けて達成させてきたものばかりです。これらの分野での進歩は突如としてやってきましたが、予想できなかったことではありません。遅かれ早かれ、そのような進歩は誰かの手によって実現されうるものでありました。

　しかし、クリシュナムルティの生涯は、人類史上において、極めてユニークなものであります。彼は全く別世界からの告知をもたらす彗星のごとき存在として地球上に立ち現われました。彼の生涯そのものが彼が伝えようとしたメッセージの格好の見本になっております。他者に対してより多くの支配を及ぼすための権力獲得とか富の蓄積を巡る凄まじい闘争の時代にあって、彼自身が、そう望むなら最も権力ある最も裕福な人間の一人になりえた立場にありました。二度の大戦が起こり、暴力がこの世ではびこった時代にあって、マハートマ・ガンジーの如く、一切の暴力を否定

し、外的暴力は人間の内なる暴力的傾向の反映に他ならないことを指摘したのであります。科学が一切の人間の問題を解決しうると広く信じられていた時代にあって、クリシュナムルティは、あらゆる科学のあらゆる知見を動員しても、本当の人間の問題の核心には決して迫り得ないと明言していました。宗教的熱狂が猛威を振るっていた時代にあって、現代の仏陀とも見做され、新しい宗教を容易に創設し得たこの人物は、宗教的真理は既成宗教に従っても、新宗教を作り上げても、決して見出し得るものではないと、明確に主張していたのであります。

　クリシュナムルティが告知するメッセージが極めて重要であるにもかかわらず、彼の名前や彼の書物がごく僅かな人々にしか知られていないのは、まことに残念至極なことであります。この偉人の生誕百周年を記念して開かれたこの集会において、私としては、彼が我々に対し一体何を教えようとしたのかを理解する糸口を見つけたいと思うのであります。

気の進まぬメシア

　まずクリシュナムルティの生涯をざっと見ておきましょう。1909年、ごく普通の 14 歳の少年の時、かれはマドラスに住むことになりました。彼の父親が隠退後、家族を養うために仕事を探していたからです。家族は、神智学会施設の敷地のごく傍に住むことになったのですが、その時、たまたま神智学会の主要メンバーが精神覚醒の道において導き手となるべく生まれたメシアを探し求めておりました。全く説明しがたい理由によって、透視能力のある神智学会の指導者は、少年クリシュナムルティに白羽の矢を立てました。それから彼は、当時有名な神智学会のアニーベサント会長の養子に迎え入れられました。弟と共にクリシュナムルティはイギリスに連れていかれて、伝統的なインドの知恵と神智学会の教えと共に、近代的教育を受けることになったのです。

　若者は世界教師として告知されて、人類救済のメッセージを伝える

べく、この青年の周りには強大な組織が作られ始めました。世界の多くの国々の数万の信奉者が彼の周りに集まって来て、魅入られたような様子で、その若いマスターの言葉に耳を傾けました。それには根拠がないわけではありませんでした。その青年は精神的な事柄に対し、年齢不相応なほど深い理解を示していたからです。彼は未来の世界的導師となるべきあらゆる資質を備えていました。

突然の精神変容

ところが、予想もしなかったことが起こったのです。27歳の時、カリフォルニア州オーハイに滞在中、クリシュナムルティに外部から見ても分かるような肉体的不調を伴う精神的変調が起こりました。後年、その時の出来事を中立的な言葉で**プロセス**（過程）と彼は呼びました。これはインドの精神的文献で、クンダリニーの覚醒という現象のようです。この出来事はクリシュナムルティの生活をすっかり変貌させました。彼は自分の個人的意識を失い、全宇宙と一体であることを感じました。彼の心に深い静寂が遍満し、自分の人生における使命が、極めて明瞭になったのです。しかもこの使命は神智学会が彼のために用意していたものとは全く異なるものでした。彼はメシヤになるという彼に課せられた役割に少しも関心を持てなくなりました。それ以前でも彼は自分に従う人々の盲目的献身に懐疑的で、時には批判的でした。そうした献身的信奉者が落胆することは分かっていましたが、彼は自分の名において作られてきた組織を解体するに至ったのです。

教団の解体宣言

彼が教団を解体する際に行った演説は、人類史上におけるさまざまな名演説の中でも、最も重要な演説の一つに数えられるものであり、クリシュナムルティの教えの核心を把握するためには、極めて良い糸口にもなりうるものであります。

（以下の演説内容は、大野純一訳参照）

真理は道なき領域であり、如何なる道を辿ろうと、如何なる宗教、如何なる教派に依ろうとも、諸君はその領域に近づくことは出来ない、と私は申し上げたい。真理は際限なく、無制約的なものであり、如何なる道からも近づけるものではない。組織化も出来ない。ある特定の道を辿るように人々を指導し強制するような如何なる組織も作ってはならない。信仰は個人的な事柄であり、組織化は不可能であるし、又組織化してはならない。たとえ組織化しても、真理は血の通わぬ凝り固まったものになり果てて、他人に何かを押し付ける教義、教派、宗教になってしまうのだ。
　もし真理探究の目的で組織が出来っても、組織は松葉杖となり、弱点となり、束縛となって、人々を身障者に仕立て、絶対かつ無制約的な真理を自ら発見するのに必要な独自性の成長と確立を妨げるに違いない。誰かに追従するようになった瞬間、諸君は真理に従うことを止める。私の言うことに注意を払う、払わないは、私の関心事ではない。私はこの世で素晴らしいことをしたい。たゆむことなくそれに専念したい。私が関心を抱いているのは、人間を自由にするという一つの根源的な事だけである。私は、人間が一切の牢獄、一切の恐怖から自由になることを望む。如何なる宗教を立てることも、新しい教派を作ることも、新しい理論や哲学を構築することも願ってはいない。地上でも、精神世界でも、私には一人の弟子も一人の使徒もいらない。
　諸君は皆、自分の霊性を誰か別の人に、自分の幸福を誰か別の人に、自分の覚醒を誰か別の人に求めている。私が諸君に、自らの内に、覚醒と栄光と浄化を、自らの不滅性を求めるべきだと、語った時に、誰一人耳を傾けてはくれなかった。外側からでは、諸君を自由にはできない。組織化された崇拝は諸君を自由にはさせない。
　諸君はある特定の人達だけが幸福の国への鍵を握っていると、考えている。だがそんな鍵を持っている人はいない。そんな鍵を持つ権威者も存在しない。諸君自身がその鍵である。自らの開発と浄化の中に、自らの不滅性の中に、永遠の王国が存在する。
　私の関心事はただ一つ、人間を絶対的に無条件で自由にすることだけである。

クリシュナムルティは、たとえ自分が新しい宗教を創設しても、彼の信奉者のそれぞれが持つ偏見と、彼らの制約された理解力に影響されて、その宗教が歪曲されてしまうことを明白に見極めていたのです。彼らはクリシュナムルティを予言者や権現様のように崇めていました。彼が以前から明言していたように、そうしたことは人間を解放するどころか、今一つ別の牢獄を作り上げることでありました。そこで彼は、新しい宗教を創設することを止めただけでなく、自分の名において創設された宗教団体を解散するに至ったのです。

2. 教育論の特色

幼児からの条件付けに警告

　ここで我々はクリシュナムルティの思想の中でも、極めて重要な点にぶつかります。人間が、神とか宗教的真理を求め始めるのは、宇宙における自らの存在の秘密を理解したいと思うからです。人間は苦境に遭遇した時に、頼りがいのある自分よりも優れた保護者を持ちたいと願います。しかし、既成宗教が実際に達成したのは何だったのでしょうか。宗教には限界があるものの、ある程度、人間を教化する効果を持っていました。しかし、恐怖から解放することなく、むしろ人間の心に新たな恐怖を植え付けてしまいました。それは存在の神秘を探求する助けにはなりませんでした。それらは人間の理解力をごく皮相的レベルに留めてしまいました。宗教は存在の苦痛から人間を解き放ったわけではありません。既成宗教は人間生活に不必要な苦悩をもたらしたのです。宗教は人間同士を結び付ける代わりに、人間を分断し、闘争させ、戦闘に巻き込んでゆきました。理性ある人間から見ると、既成宗教は明らかに人間の重荷を軽くするどころか、一層重荷を増やしてしまいました。

　それなのに人間は何故、自分の心を檻に入れてしまう宗教的観念や教義と決別できないのでしょうか。クリシュナムルティは、人々の心が子供の時から条件付けされ続けてきたという事実に、その理由を見出しました。人々は、何が質問出来るのか、何が出来ないのか、何が

考えられるのか、また考えられないのかを、よくよく言い含められてきたのです。宗教の領域では、人々は宗教的経典で述べられていることや宗教的権威が定めたことに盲目的に従わなくてはならないのです。クリシュナムルティは宗教が持つ階層的、権威主義的な構造の当否を問い質す、明晰さと勇気を持っていたのです。彼は自分自身が宗教的権威になることを拒んだだけでなく、霊的な事柄で他の人々の辿るべき道を設定することは、誰にもできないと、きっぱり明言しました。自分の生活を自分の角度から検討する自由は、誰にもあるのです。誰か別の人の権威にすがり、セカンドハンドの人生を送るように仕向けられてはならないのです。

権威に対する対決姿勢

後年、クリシュナムルティは、如何なる権威に対しても、強く対決する姿勢を示しました。国民性とか愛国心とかイデオロギーへの忠誠とか宗教的グルへの服従といった観念は、権威への盲目的追従の傾向に基づいております。自分の心が服従するように条件づけられていなければ、自分でどこへ行くのか分かっていない人間に、盲目的に追従するという愚かな事態には陥らない筈です。幼年期の養育と義務教育が独立的思考が出来るように、人々を準備しておいてくれなかったので、そうした愚行を見る羽目になってしまったのです。扇動者は我々のこの弱点を利用しました。ドイツではヒットラーがそうでした。また、多くの国々では、強力な共産主義指導者がそうでした。その結果が眼前にあります。最近、日本で起こった出来事も宗教指導者に盲目的に従うことがどんなに危険な事か、をよく示しています。

愛国心とか宗教とかイデオロギーの名において、人々を誤った方向に導く指導者を糾弾すれば、それですぐに事態が収拾できるわけではありません。一人の指導者がいなくなれば、別の人間が舞台に登場します。誰かを馬鹿にすれば、別の人間によって、我々自身が馬鹿にされる立場になるのが、人生の現実です。真の救済策は、他人の利己的目的に自分が利用されないように、自分自身と自分の子供を教育する

ことにあります。

自由な教育の提唱

そこでクリシュナムルティは子供に正しい教育を施すことに最大の重点を置きました。事実、彼が唯一実践的関心を強く抱いていたことが、青少年教育です。インド、アメリカ、カナダ、イギリスに彼は定期的に訪れては、学生や教師と幅広く対話しました。これらの対話は出版され、教師や父母にとり、児童教育のための貴重な手引書になっています。その対話の中で、繰り返し出てくるテーマは、何人にも盲目的に従うことなく、全てのことに疑問を抱き、自ら正しい答えを見出すことの重要性でありました。ウパニシャッドに「真の知識は自由に導く」とあります。そこで、クリシュナムルティは次のように語るのです。

「心の花が開くのは、客観的で非人格的で、押し付けのない明確な知覚がある場合に限る。重要なことは、何を考えるかではなく、如何に明晰に考えるか、である。我々は数世紀にわたり、プロパガンダなどを通じて、何を考えるべきかを、吹き込まれてきた。現代の教育は、大概その類で、思考の全体的動きの探求ではない。開花には自由が含まれる。植物と同様にマインドの成長のためには自由が必要なのだ。」

しかし、残念ながら我々は若い美しい樹木を完全に成育させないで来ました。両親も社会全般も生産流通業界も宗教組織も、それから特に教育制度も、子供の心を伸び伸びと自由に開花できないように、仕向けて来たのです。クリシュナムルティは子供達に理念を植え付けてはならないし、全て教育は完全なる自由の雰囲気の中で行われるべきだと、強調してきました。

競走馬的教育の否定

教育に関しクリシュナムルティが強調した今一つの重要点は、現在の教育制度は世界中どこでも、競争と獲得と暴力と商業主義のはびこる世界の準備をしている、ということです。そうした教育制度の下で

は、生来、精神的傾向が強く、人生の深い真理を探究したいという、競争心の薄い青少年は全く行き場を失ってしまいます。少年時代、クリシュナムルティ自身、学校においては、全くの不適応児童で落ちこぼれだったのです。

　我々は自分の子供の教育を、人生という競馬場で走らせる競走馬の調教師のように見なして優勝させようと躍起になっています。子供が競走馬になってしまっているのです。するとある子供は俊才で、別の子供は鈍才で、社会の中で役立たずという区分けが生じます。しかし、全ての子供がこの世ではユニークな存在なのです。彼らを互いに比較することは、独立した個人たらんとする権利を否定するものです。クリシュナムルティは、子供Aを子供Bと比較することは、子供二人を台無しにするものだと述べています。子供の値打ちを規制社会の枠組みに、どれだけ適応しているかで決めようとするもので、独自の生活を営む権利を否定するものであります。

　社会に対し不適応とされた人々の中に、極めて知的で真面目で善意の塊のような人間が沢山います。しかし、物質的闘争の道から落ちこぼれたという理由で、我々はそうした青年が、感じたり考えたりすることに全く注意を払いません。現代の教育制度は、世界中どこでも外的世界とその操作方法についての知識の獲得に重点を置いています。高収入で、権力が振るえる職業が約束されるという理由で、科学と技術が幅を利かしています。常に新しい技術を開発し、それを商業目的に利用する盲目的競争が進行しています。こうした状況は、教育制度にも反映しています。子供たちの頭脳に、出来るだけ沢山知識を詰め込もうとする圧力にさらされています。そうしないと競争から脱落してしまうからです。

　この流れの中で、人間の本当の世界は自分の中にあることを忘れ、我々の教育もこの内部世界を探求し発見するための準備を喪失してしまいました。どこの学校でもさまざまなものを測定して、その結果を分析し、各種機具の助けを借りて、どこまで精密に研究できるか、

ということを教えています。しかし、目をつぶり、自らのマインドの動き方を覗き込むことを教える学校は存在しません。今日の教育を受けた人間は外的世界については膨大な知識を持ち合わせています。しかし、内面世界については、数千年前と同様に全く無知なままです。クリシュナムルティはセルフつまり自分についての知識の重要性を繰り返し強調しました。その知識がないと、人生は無目的で苦痛に満ちた旅になってしまうのです。

教育原則：既知からの自由

クリシュナムルティは、既知なるものから自由になることの必要性を非常に力説しました。彼の最もよく知られている本が『既知からの自由』（自己変革法）であります。ある時、クリシュナムルティのところへ、神を見たいという男性がやってきました。クリシュナムルティは言いました。「神を見つけることが出来たとしても、貴方はどのようにしてそれを認知するのですか。」我々が神とか究極の精神的実体を知ることが出来ないというのは、既成観念を背景にして、神を見ようとしているからです。例えば、クリスチャンなら、神がイエス・キリストを従えていなければ、たとえ、神が自分の前に現れても、神として認知することを拒むでしょう。イスラム教徒なら、神は予言者モハメッドに付き添われていなければなりません。我々は本当には神を知りたいとは思っていないのです。彼を本当には崇拝していないのです。我々は自分の宗教により、条件付けられた心に従って、神のイメージを作り、自分の心を満足させるため、その神のイメージにたいし礼拝しているのに過ぎません。そこで彼は次のように語ります。

マインドが信仰から自由になれば、神は見えます。この時、神はいるのか？という問は別の意味になります。伝統とか記憶とか知的情緒的な含みのある神という言葉は、神ではありません。言葉は実体ではありません。マインドは言葉から自由になれますか？その言葉は伝統であり、期待であり、絶対者を発見したいという願望なのです。すると言葉が究極なるものになってしま

います。しかし、言葉はものではないと我々はわかっています。言葉は幻想に我々を導くだけで、神に導くことはありません。神は、我々が崇拝する幻想です。そこで質問します。幻想と共存する言葉から、あなた方は自由になれますか？神とか他の言葉でも構いませんが、幻想がなければ、神は存在するのです。どんな名前を与えようと、貴方がいなくなれば、それは現れます。貴方がいる限り、神は存在しません。

クリシュナムルティは言葉から自由になる必要性を強調しました。我々の文明は言葉に基づいています。問題も言葉なら、解決も言葉です。我々は問題を言葉で説明されると、我々は問題を理解したとか、解決策を見つけられたとか、言います。そこでさまざまな心理学派、さまざまな宗派が入り組んだ人間の問題を解明しようとします。しかし、問題は残っています。クリシュナムルティによれば、言葉は「物」ではないのです。我々は実際の「物」よりも言葉に配慮しています。この盲目的な言葉への依存が、我々の問題を見ることを妨げているのです。我々が必要としているのは、心が完全に言葉から自由になることです。その時、初めて、我々はあるがままに、「物」や人や問題を眺められるのです。

英知の覚醒を目指す

クリシュナムルティは現代の人間生活は、あまりにも複雑になり過ぎているので、それを理解するには、極めてシンプルなマインドが必要である、と述べています。不幸にして人間の心は過去の記憶と習得した知識の重荷を引きずっています。そこで心はあるがままに問題をとらえずに、条件付けられた過去の観点から解釈することになり、我々が人、物、状況などをしかと見極めようとしても、視点が曖昧になってしまいます。我々が問題を分断された形で捉えようとする限り、常に中途半端な解決策に終わります。そのようなやり方では、一時的には問題解決ができたように見えても、かえって別の問題が作り出されます。広い全体的視野

から問題を眺めるには、過去にこだわらず、狭い型にもはまらずに考えることのできる静かな心が必要です。

　そうした内的状態を、クリシュナムルティは英知の状態と呼びました。英知とはあるがままに眺めることです。あるがままのものは、常に変化しています。眺めることが過去に捕らわれると、眺めるという英知は止まります。すると感知する英知に代わって、記憶という不毛な重荷が活動を指示し始めます。瞑想とは全てを一度に眺めることです。眺めるためには沈黙が必要です。この沈黙からの思考活動は、全く別の活動です。

　クリシュナムルティの教えの中では、英知（intelligence）はキイワードです。『英知の目覚め』邦訳では『英知の始まり』と題された、彼の極めて重要著作に、次のような箇所があります。

　英知はパーソナルな個人的なものではなく、議論とか信念とか意見とか論理でもない。英知は頭脳が自らの不正確さを発見した時、脳に何が出来て、何が出来ないかを知った時に現れる。思考は時間に制約されているが、英知は時間に捕らわれていない。英知は計ることが出来ない、英知は、マインドとハートと肉体が本当に調和している時に現れる。

　クリシュナムルティは、この英知は私の英知、貴方の英知といったものではないと言います。個人のマインドとか脳の働きを超えたものが英知なのです。この超個人的な英知は誰でも利用できます。ただ、条件があります。我々の落ち着かないマインドと頭脳を超越した境地に入る準備として、よく整える必要があります。我々の心と脳は常に過去の記憶に妨げられ、みずみずしい洞察力をもって、物事を眺めることが出来なくなってしまっているからです。

心と頭脳

　クリシュナムルティはしばしば心と頭脳との関連性に言及しています。普通の人の頭脳は、常に極めて野放図な状態にあって、大抵、不必要な考え事をしています。脳内部のこの内的おしゃべりは次第に

混乱と緊張を高めてゆきます。人間は、脳細胞自体に変化をもたらすことが出来る、とクリシュナムルティが語ったことがあります。不必要な思考をしないですむよう、脳を発達させることは、可能なはずである、と彼は述べています。そのような脳は考えることが必要な場合のみ思考し、全く明晰に論理的に考えるのです。クリシュナムルティのこの言葉は、人間の肉体的進化はまだ完全ではなく、脳における進化はまだ進行中であるということを指摘しています。このことは現在における今一人の精神的天才であるパンディト・ゴーピ・クリシュナの体験や著作などでも、支持されています。彼は、人間は自然のまだ未完成品であり、人間の脳は進化の過程がまだ進行している部位であると、述べています。クリシュナムルティは、シュリ・オーロビンドと同じように、自分の内的発達の為に、人間は積極的責任を持たねばならないと、明言しています。我々は皆、心と脳の働きの中で、内的な軋轢、混乱、矛盾に直面していることに気づかなければなりません。そして各個人は、英知のレベルにまで上昇するよう、意識的な決定を下さなければならないのです。

瞑想の重視

英知のレベルにまで上昇する方法として瞑想があります。瞑想という言葉は、最近非常に誤解されています。瞑想を教える教室も沢山あります。コマーシャルベースで運営されているものもあります。そこでクリシュナムルティが、瞑想について述べたことが役に立ちます。彼によると、瞑想は人生最高の技法です。それは思考作用と自己中心的活動が全く停止した状態を指します。瞑想において、脳は完全に静かになります。それは無限の平和であり、美であり、自由であります。そこでは時間の流れは停止して、人間は永遠の存在と一体化したことを感じます。瞑想は、朝晩に数分だけ行うもので、他の日常的業務では、前と同じように無秩序に過ごせばよい、というような、他のものから孤立した活動ではありません。瞑想は生活とその中の活動全体に行き渡っていなくてはならないのです。

クリシュナムルティは、いわゆる瞑想法なるものに反対しました。彼には、瞑想は決して特殊的技法ではなかったのです。ですから権威に頼ることも要りません。瞑想では、自分を指導してくれる人はいないのです。瞑想で誰かに従うことは、外的影響力から全く自由な状態であるべき瞑想の本質を損なうものです。クリシュナムルティは次のように述べています。

　貴方は権威の全ての意味を捨てなくてはならない。瞑想においては、自分自身の権威であれ、他人の権威であれ、如何なる権威も自由の障害となり、新鮮さと新しさを損なってしまう。権威、同調、模倣を完全に捨てなくてはならない。さもなければ言われたことを真似て従うだけにはなり、マインドは非常に怠惰になってしまう。

4. 個人の精神生活と社会変革

　これまでの議論では、クリシュナムルティが、個人の精神的向上のみに専念し、社会問題に関心を向けなかったように見えるかもしれません。しかし、そんなことでは全くないのです。彼は社会問題にも心を砕いていましたが、それを個人的な問題とは区別しなかったのです。クリシュナムルティにとって、宗教生活も経済、政治生活も家庭生活も、別々のものではなかったのです。彼にとって、全ての人間の問題は、相互に関連しあっているのです。瞑想に触れた著作で、彼は次のように語っています。

　人々の間に不正と差別を生みだし、愛を全面的に否定して、世界を破滅に導くような戦争を継続し続ける社会の構造そのものを変えてしまわなくてはなりません。

　もしあなたの瞑想が個人的なもので、あなただけが楽しむ趣味的なものに終らせたら、それは瞑想ではありません。瞑想は、頭脳と胸中の全面的変更を迫るものです。

唯一の革命

過去において世界は数多くの革命を経験しました。しかし、その全てが、他者を力づくで変容させようとする試みであったために、ことごく失敗しています。クリシュナムルティがよく語っていたことですが、非常に遠くを目指して進んでいこうとする人は、非常に身近い所から着手しなければなりません。世界を改造しようとする試みも、変へようとする我々一人一人から始めなければならないのです。本当に意義ある革命をもたらすには、内面の人間性を変革しなければなりません。クリシュナムルティを理解するには、自分自身を理解しなければなりません。人間には、頭脳の働きに制約された低次元なレベルを乗り越え、自ら絶対的平和、絶対的幸福、絶対的自由の境涯に到達することが確かで可能であることを、はっきり立証したのが、クリシュナムルティの生涯そのものでありました。

（1995年5月29日サンダハン主催「J.Krishnamurti生誕百周年記念集会」）
基調講演　於きゅりあん

講演 3　普遍宗教論序説

　普遍宗教を主題に何か論じようとすると、次のような質問が当然出てまいります。本当に宗教は必要なのだろうか？宗教なしで何故我々は生きてゆけないのか？　宗教が必要だとして、何故既成宗教では我々の宗教的欲求が満たされないのか？新しい普遍宗教を奉ずるためには現在の自分の宗教をどうしても捨てなくてはならないのか？普遍宗教の形式はどのようなものになるのか？　こうした情がからむ質問に対し感情論を抜きにした合理的な答え方をして行きましょう。

　先ず断っておきますが、普遍宗教を語ると言うことは新しく宗教を興すことについて話すわけではありません。我々がここで試みようとすることは人間の宗教的欲求を満たすことに既成宗教が全く失敗しているのは何故か、その理由を探ることであります。その上で今日及び未来の全人類の宗教的な欲求を何の制約もなく満たしうる宗教というものの概念を組み立てるにはどのような可能性があるのかを探って行きたいと思っております。

1. 宗教なしの人間はいない

　もちろん、この試論では、「人間はどんなに頑張ってみても宗教的欲求を捨て去ることが出来ない、そこで人間はこの基本的な精神的欲求を満たすために何らかの方法でいろいろなことが為されてきた」ということを前提として話を進めて行きます。歴史的に見ると、我々はどんな社会でも例外なく社会的、政治的、経済的な構造と共に人間の内的欲求を充足するために、宗教若しくは他の何らかのものが常に存在していた事が分ります。ただ、その理由はあまり深くは追求しないことにします。人間は肉体的物質的欲求を満たすだけでは決して満足できないのです。人間は、この宇宙の神秘、この地上における自分と言う存在の神秘、自分の本性、自分の将来の運命を知りたいのであります。人間の内的苦悩はその物質的に安寧を充足するだけでは除去できません。人間は何とかして永続的な平和、幸福、自由を獲得する方法を探そうとするのであります。

こうした欲求は全て人間の本性そのものに組み込まれているのです。人間に宗教を捨てろということは食べることをやめろというのに等しいことで無益なことであります。一つの道をふさいでも、人間は宗教的感情を表現する別の道を見つけます。共産主義国家で反宗教的法令が出されても5、60年と続きませんでした、既にそれらの国でも魂の必要を満たす別の形の宗教を求める動きが社会のある部分に既にいろいろ出てきています。

　『小さいことは良いことだ *Small is beautiful*』という有名な本の著者で、著名な経済哲学者 E.F. Schumacher は、「宗教抜きの生活という現代の実験は失敗した。」「それを承知した上で、我々のポスト・モダーンの次の世代の任務は一体何かを知らねばならない。」と述べています。シューマッハが言っていることは科学技術的物質的進歩がどれほど大きく進もうと、人間の根源的問題は解決できないと言うことであります。今世紀、最も偉大なる哲学者ルードウィッヒ・ヴィットゲンシュタインも「あらゆる科学的疑問が解答できたとしても、生命問題の解明は少しも少しも深まらないのではないかと感じている。」と述べていますが、同じ事だと思います。

　人間生命の基本問題は科学技術の分野で研究されている問題とは全く別です。我々が科学技術の分野で大きな進歩を遂げたと言っても、人間のあらゆる問題を解明し解決する方法が見付かったわけではありません。確かに基本的な人間の問題に宗教は取り組んではきましたが、既成宗教はこれらの問題に対する永続的解答を導き出すことに結局失敗しました。しかし、それらの宗教が人間の基本問題の本質に焦点を置いて迫ろうとしたのは事実です。宗教を否定しても、宗教間の紛争によって引き起こされた問題の解決には繋がりません。宗教的紛争の種子を取り除いて、全ての宗教の中に隠された共通の真理を発見するのに必要なことはドグマから離れ真理を自ら発見しようと試みることです。別の言葉でいえば、「宗教革命」とクリシュナムルティが名づけた、宗教に対する全く新しい見方、生活の場における新しい宗教形式と位置づけはどうしても必要なのです。

2. 既成宗教の限界

　既成宗教の基本的欠陥は、一つには皆、感情と信仰、ドグマ、儀式に立脚し

ていることです。宗教が人間の本性全てを捉えきってはいないのです。例えば、人間は信ずるだけでなく知ることも欲します。しかし、伝統的な宗教は人間の独立的な知的探求能力に障害物を置こうとします。大体、宗教はそれぞれのドグマに盲目的に従うよう要請します。そこで直接的、間接的に人間の合理的能力を損なってしまうのです。それは意志の弱い人には良いかもしれません、人生に安心感、安全感を与えるからです。しかし、知的な性格の人には向きません。

　そこから当然、人間は宗教的でありつつ同時に合理的であることが可能であるか？と言う問題が出てきます。私としては、それは可能であり、この問題にホリスティックな仕方で迫るところに、それへの解決策を発見する唯一の方法があると考えます。人間の合理的能力とその本性に潜む感情的側面を一緒に統合して、人間とは一体何なのか？この世における人間の運命は何かを理解しようと努めなければなりません。これこそ人間の心が将来向かうべき方向であります。科学技術面での近代的教育が進展し、人間の頭脳にこの世界にかかわるあらゆる種類の知識が注入されれば注入されるほど、人間の合理的能力はますます強化されねばなりません。人間においては理性と感情の統合が絶対に必要なのです。

　この図式では明らかに宗教のドグマ的側面は行き場がありません。何故なら、ドグマと理性は両立できないからです。宗教の中で人間の探求心と両立し得ないものは存続できません。例えば、イエス・キリストは神の一人息子であることを信じるように言われても、当然我々の理性は、「何故か、どうしてそれが解るか？」と反発します。神の知識はヴェーダの中に全てあると誰かが言っても、何だ、何の証拠があるのか？と開き直らざるをえません。例えば、モハメッドは神の唯一の予言者であるというような別のドグマにしても、何故彼だけそうなのか？他の人がいてもよいのではないか？という疑問に行き当たります。いわゆる神聖な書物に何が書かれていても、将来の理性的人間は、そうしたことを信仰するわけには行きません。聖書に書いてあると言う理由だけで、将来の理性的人間に、あることを信ずるよう仕向ける訳には行きません。

　こうした状況こそ感情的な困難から我々を救い、我々の理性的能力とも共

存しうる宗教を我々に探し求めさせるものであります。しかし、それにはどうしたら良いのか？ドグマと儀礼を超えた宗教は如何にすれば発見できるのでありましょうか？

　この道において我々は極めて合理的かつシステマティックな行き方が出来ると私は考えます。先ず我々は数学と同じように前提若しくは作業仮説を立てねばなりません。これがないと、如何なる科学もスタート出来ません。ここでオルダス・ハクスレイの説を借りましょう。ご存知の通り、ハクスレイは今世紀最大の学者の一人でありかつ特別な能力者でもあります。これまで実に多くの学問分野で彼の説は注目されてきましたし、彼自身は極めて論理的な人間でした。彼は現代人の精神生活に深刻な欠陥があることを知っていました。彼はまたドグマに囚われた宗教では人間を救えないことも分っていました。そこで彼は永遠の哲学 Perenial Philosophy と称する哲学を展開しようと試みたのです。

　これを表題にした書物を彼は著しておりますが、それを要約したものがスワミ・プラバヴァナンダのバガヴァッドギーターの翻訳序論に掲げられているので、次にそれを少し引用します。

3. 永遠の哲学と普遍宗教

　アルダス・ハクスレイは永遠の哲学の4つの基本原理について次のように述べています。

　　第一に、物質と個別意識からなる現象世界 ― 物質、動物、人間並びに神々でさえも ― は、聖なる地場 Divine Ground が顕在化したものであって、一切の部分的実在はその中に存在し、それを離れては存在し得ない。

　　第二に、人間は聖なる地場を推論によって知りうるだけでなく、論理的推論よりも優れた直観力によりその存在を自覚することが出来る。この直接知識が知られる対象と知る主体とを結び付ける。

　　第三に、人間には、現象的な自己エゴと永遠なる自我セルフという二重の本性がある。後者は内的人間、スピリット、魂の中の神の火花である。人間は自分から願うなら、自らをそのスピリット並びにそのスピリットと同じか或いは似通った性質を有し、聖なる地場と同一化することが可能である。

　　第四に、地上における人間生命の唯一の目的は、この永遠なる自我と同一化する、つまり聖なる地場の統合的知識に参入することである。

ハクスレイが永遠の哲学の四つの基本原理と呼んだものは、普遍宗教の考え方を発展させるための出発点として直ちに役立ちます。これらの原理は本質的に普遍的でありスピリチュアルなものであることに注目しておきましょう。聖なる地場が一切の事物、森羅万象の中に遍在して居ると言うことは、神が神の信者だけに対してより近しいとは言えない事を意味しています。神は、信者でなくても、神を否定し絶対排斥を唱える者にも等しく存在します。この原理に従えば、この世において物質や肉体や心の次元で起こること、この世におけるそれらの活動に由来するもの全ては、聖なる地場に発します。つまりこの聖なる地場がいたるところで機能しているのです。

4. 宇宙意識と宇宙エネルギー

　しかし、我々はどうすれば、この聖なる地場を直接に知り、自分の中でその実現を計る方向に進めるのか？

　インド哲学の核心部分がここで役立ちます。この哲学によれば、聖なる地場つまり神には宇宙エネルギーと言う形式の常時随伴者がいます。このエネルギーが宇宙において起こっている全ての中に現れるのです。そこで、全ての物質、動物、人間が聖なる地場の部分であるというにとどまらず、宇宙のどこでも起こっている全ての動きもまたこの地場の部分なのです。別の言葉でいえば、起きている現象の全ては、星雲の動き、星の運行、雨降り、樹木の生育、動物や人間の誕生、生存、死亡等、全て神とそのエネルギーに由来しているのです。

　我々が最も直接的に気付くのは、自分の頭の中で起きていることです。我々の脳に絶えず何らかの思念その他が動いています。そこには四六時中、何らかの言語による言葉が湧き上がって来ています。五千年以上の昔、インドのヴェーダの超能力者達は人間の脳の中で言語が湧出してくる源泉を見つけようと努力しました。そして全ての言語で時々刻々、常に涌いて来る言葉が宇宙意識に由来することを発見したのです。これはおそらく人間による最も偉大な発見でありましょう。ヴェーダの超能力者はこの聖なるエネルギーにヴァーク Vāk という名を与え、Vāk は世界の中で起きている全てのものの背後に存在すると述べたのであります。

ヴェーダの言語哲学によれば、Vāk は人間の中で最も具体的なレベルから最も抽象的なレベルに至るあらゆるレベルの言語と想念において機能しています。人間にとって Vāk とは人間の意識に反映している神のエネルギーです。Vāk が我々の心で機能し始めるのは、脳の中で思念や言語が働くのに我々が気付くよりもずっと前のことであります。この理論に従うと、我々の外に世界が存在するのではありません。言語の使い手たる我々が哲学や学問において言語を通じて世界を考えるのです。脳内における思考活動には Vāk のエネルギーが反映しており、我々が思考すると同時に世界が創造されます。もし我々が思考を停止すれば、文字どおり世界は消えます。我々の考える世界が創りあげられるのは、思考や言語即ち Vāk によってなのであります。
　リグ・ヴェーダは Vāg eva viśvā bhuvanāni jajñe－「Vāk こそが全ての世界を創造した。」と明らかに言明しています。脳の中での思考がとめられれば、つまり、心を全く静めて如何なる言葉も湧き起こって来ないようにできれば、我々は Vāk の活動を超えた所に存在することになり、我々は宇宙意識即ち神と一つになれます。サンダハンの会合で以前触れましたが、神について極めて単純な定義があります。
　「言語のない意識が神である *Languageless consciousness is God*.」
　我々は自分の心と脳を絶対的な静寂状態に置くだけで、自分の中に神が見出せるのです。
　「心の静寂こそ神の気付き」と言う格言は全くの真理です。我々の心が静かになればなるほど、我々はそれだけ神の近くいることになります。

5. 絶対的心の平和こそ神への道

　ここまで議論が進むと、我々は神の本性について興味ある点に、神を発見する道に、到達します。全ての宗教が神とはそうであると信じているように、神が遍在するならば、神を見出すためにどこか他へ行く必要はありません。実際、神を見出すために我々は何もする必要がないのです、何故なら神は既に我々の活動の中に現れているからです。別の言葉でいえば、神は神の探求の結果として見出せる実体ではありません。神は我々の探求最初の段階からすでに現れていて、探求の過程においてもずっと現れているものです。

奇妙に見えるかもしれませんが、我々が自分の肉体や言葉や心を使って何かをすることを止めさえすれば、我々は間違いなく神を発見するのです。つまり我々の肉体や心が完全に静寂になれば、我々は自分の内部に神の存在を確実に感じ取れるのです。さまざまな人物の伝記を探ると、突然彼等の心と脳に説明しがたい変容が起こり、その後、神秘的な聖なる平和が訪れたという記録があります。既成宗教の宗祖等がこの変容の良い例です。彼等は新しい宗教を興すことは望みませんでした。彼等の名前で宗教を作り出したのはその弟子達です。仏陀、イエス・キリスト、モハメッド等の精神的偉人は皆彼等の生涯の特別な段階で深い精神的な体験をしています。この体験は、クンダリニーの覚醒としてインドの伝統の中では、知られています。この体験は人間の全人格を変容させ、個別意識を宇宙意識に融合させます。この精神的変容過程はこうした宗教の創始者だけに限定されません、内的精神的生活に深く心を寄せる人々誰にも起こりうることであって、そうなるとその人は精神的な平和と光明のために喜んで外的世界にある全てを捨て去ろうとします。

　現代において同じような変容を体験した人物としてJ.Kurishunamurti とPandit Gopi Krishna がいます。二人については沢山の資料が整っており、今日、既成宗教の始まりに興味を抱く人はこの二人の人物の生涯と経験を研究するのが極めて役立つはずです。両者を通じて我々は、宗教の祖師達の精神的変容とはどのようなものか、後年における弟子達によるその言動の歪曲の過程がよく分ってきます。

　ところで普通の人間が身体や言葉、思念を使う行為を停止しようと試みても、なかなか出来ないことが直ぐ分ります。つまり、欲する欲しないに関わらず、何もしないでいることはまず無理です。身体を動かさないでいることは出来ます。また暫くは何もしゃべらないでいることも出来ます。しかし心の動きを完全に止めることは不可能なのです。

6. ヨーガは普遍宗教に向かう

　ヨーガに関心ある人々ならパタンジャリが「心の働きの静止がヨーガである。」と言ったことは覚えておりましょう。彼はそれに付け加えて、人は心

の働きが静止すると、自分の本性を知ると、述べています。周知のように、ヨーガと言う言葉は合一を意味します。問題は何と合一するのかいうことです。注意深く言葉を選んで語るパタンジャリはヨーガの最高の境地サマーディ（三昧）の境地にある人間は神と合一するとは表現しておりません。神と言う概念が全く人間の創り出したものであることに彼は気がついていました。もしパタンジャリがヨーガを神との合一と規定したとすると、キリスト教徒はヨーガを実習してキリストの神を見出すでしょうし、ヒンズー教徒ならヨーガを通じてヒンズーの神に出会うことを期待するでしょう。しかし、我々の心の働きが完全に静止すれば我々は如何なる神も考えられなくなります。その時、人間はその人本来の本性－即ちアートマンの形相の中にいることになるのです。インド思想に詳しい人なら、アートマンつまり個別的魂なるものはパラマートマン即ち神と同じものということを知っております。

　ヨーガは普遍宗教へ向って進むよい方法なのです。インドに起こった古代宗教、ヒンズー教、仏教、ジャイナ教において、ヨーガは、その思想と実践の不可欠の部分になっています。今日、ヨーガの肉体的側面だけが世界中で優越的地位を占めているのは不幸なことです。基本的にはヨーガは心の鍛錬です。パタンジャリはヨーガが人間と神を結び付けるという言い方はしません。しかし、パタンジャリの言うことに従がい、自分の心を完全に静めえた人は、神を見たことを証言することでありましょう。事実、ラーマクリシュナ・ミッションのスワミ・プラバヴァナナンダとクリストファ・イシャウッドが訳したパタンジャリのヨーガ・スートラはパタンジャリのヨーガ・スートラの最良の翻訳の一つですが、これには「神を知る方法」という表題が付けられています。

7. 伝統的宗教も心の平和を目指している

　神を知るために最も重要なことは、心の絶対的平和です。ある意味で、全ての宗教は様々な方法で人間の心を平和にすることを目指してきました。宗教は皆物理的世界の限界、物質的利益の無意味さ、単純で慈しみ深い生活を送ることの必要性を強調し、最高の真理は自分の中にあると説いてきました。多くの宗教的儀式は心を聖なる活動に従わせ、暫くの間にしろ、心を日常的

世界の緊張から脱出できるように計らって来ました。日々の礼拝、詠唱、沐浴、瞑想等は、心をくつろがせて落ち着きを与え、内面的世界へといざなうものにほかなりません。全ての宗教は肉体のバランスを回復させ、心の苛立ちを押さえるのに役立つ断食を定期的にするよう奨励しています。巡礼に出れば、喧騒にまみれた日々の生活から逃れられることになり、心はそれだけくつろげるのです。また慈善活動をすれば、それだけ競争よりも協力し合う気持ちが生れ、自分の中と周囲に調和と平和が満ち溢れてまいります。

　心を内面に向け平穏にすると思われるこうした活動も、単なる仕来たりに埋没してしまうと問題が生れます。宗教的シンボルや言葉そのものが抗争の原因となっている場合には事態は一層深刻になります。例えば、自分達の神の名の呼び方だけが正しいと考えたら、大変です。彼等はその名前で神は記憶されるべきで、他の名前では駄目だと主張します。或いは自分達の神に対する尊崇の仕方をもって、他の人間も神を尊崇すべきだと考えます。彼等は神が本質的には形なき、名前なき存在であることを忘れてしまうのです。神はそれだからこそ実に多くの仕方で尊崇され、多くの名前で呼ばれることになりました。インドでは神は何百もの顔貌をもって現われ、数千の名前を持つとされております。実際、神には姿も名前も無いのだと人々に告げるのも一つの方法でしょう。我々は自分のイメージに合わせて神を作り出し、空想力を駆使して神にいろいろな名前を与えてしまうのです。

8. 神の直接的体験

　我々を取り巻く世界についての観念やそこで生きて来た体験というものは脳に貯えられたイメージと言葉に基づいております。しかし、頭の中に自分自身あるいはその他一切のことに関わる言葉もイメージもない全くの静寂につつまれた意識状態に入ると、人間は宇宙意識と一体化してしまします。その人間を取り囲んでいる文化の違いにより、そうした内的体験について次のような発言が出て来ます。

> 私は自由を達成した。（ヴェーダの賢者）
> 私はニルヴァーナに到達した。（仏陀）
> 私と私の父は一つである。（イエス・キリスト）
> 私は私の愛するものと融合した。（スーフィの聖者）

そのような内的静寂を体験したことのない普通の人間にとって、こうした発言は不可解です。しかし、これを発言をなした当の人にとっては、全く自明な実相を表現したものにほかなりません。上に述べた言葉はヒンズー教、仏教、キリスト教、イスラム教スフィー派それぞれの基本概念を現しています。これらの宗教の一般信者はその意味を理解できず、理解度や社会的経済的そして政治的状況次第では互いに敵対者同士にもなりかねません。しかし、これらの発言をした当の人間同士がもしお互いに会うことが出来れば、それぞれ他の人達が述べていることを即座に理解するでありましょう、何故ならそれらの言葉は全く同じ事、即ち言葉を絶したイメージを超えた純粋意識状態を表現しているからです。

　この直接的な神体験の上に、普遍宗教の基礎を据えることにしたいのであります。我々にとって神に近づくのに如何なる仲介者もいりません。神の息子、予言者、仏陀、アヴァターラ神の化身又はグル等に盲目的に排他的に献身する必要はないのです。ドグマや儀式、儀礼に自分自身を結び付けている限り、イメージのない、言語を絶した意識状態には到達出来ません。これらのものは我々を外的世界に縛り付け、我々自身のより深いところにある意識を顕現させる上の邪魔になります。神への旅の初期段階では、人によりグルが必要かもしれません。しかし、クリシュナムルティがいうように、真理は道なき所、なのです。精神の内的旅行に地図はありません。仏陀は「アートマディーポ バヴァ・汝自身光明たれ。」と弟子に向って告げましたが、これは、「我々銘々が自分の道は自分で見つけなければならない」と言う意味であります。特定のグルに盲目的に従がうことは、心の牢獄に入って、そこで自分の生涯を空費する最も確かな道であります。世界のさまざまな国で起きた最近の事件は、そうすることが個人と社会にとって極めて危険なものになりかねないことを証明しております。よき師匠は、自分からの自由も含め、弟子達に、完全なる自由を与えうる人であります。

9. 普遍宗教論要約

　普遍宗教の要点を理性的に感情論を抜いて、簡単な命題として次に、要約しておきます。

1. この地上への自分の誕生に対して何らかの発言権を持っていた人間はいません。我々の命は人間を超えたある力の顕現であります。そのパワーと関連させ初めて我々は自分の命の何たるかが理解できます。
2. 子供が生れると、世界に新しいフィーリングの中心が出来ます。人間存在の中心は、肉体でも感覚器官でも心でもなく、その人の生涯の全てを左右するフィーリングであります。
3. 我々のフィーリング、我々の思いは全て宇宙意識の現われであり、そのエネルギーが我々を通じて顕現してきたのです。
4. 肉体、感覚器官、心というものは、人間の内にあるフィーリングが創り出した欲求を充足するのに役立ちます。
5. 人間は成長するに従い、肉体とともにその心も発達します。人間の心は、その人間の家族、社会、教育、宗教が植え付けた観念に従って働きます。こうした知識の獲得には言語が大きな役割を果たします。我々の中の言語もまた聖なる宇宙エネルギーの現われです。
6. 外的世界を知るのとは別に、世界と自分についての神秘、自分の本性、自分の最終的運命についても知ろう人間は試みます。伝統的宗教もこうした問題について解答を与えようと試みて来ました。しかし、宗教本来のメッセージは既成宗教が根ざしているドグマによって歪曲されてしまいました。
7. もしこの世をただ楽しむだけですむならば、人間にとりそれは結構なことでありましょう。人間が欲求するものは、現世の快楽を楽しむために十分なお金だけでよいわけです。しかし、人によっては、物質的な世界は魅力がありません。彼等は人生においてもっと深いなにものかを探がしたいと望んでいます。人生で精神的充足が得られなくなった多くの若者達が、問題解決にもつながらず、彼等の人生の悲惨さを深めるだけの薬物に耽っています。優秀な若者の中にも精神的緊張から、危険かもしれないある種のイデオロギーやカリスマ的なグルに盲目的に従がう者も現れて来ています。
8. 瞑想は心を静める一つの方法です。ヨーガも役立ちます。伝統的な宗教儀式も心を静めることを目指しています。そうしたものに隷従しない限り、そうした助けを得るのもよいでしょう。
9. 心が静まれば静まるほど、人間は自分の本性を垣間見る可能性が出て来ます。それこそ言葉とイメージを超越した意識状態です。我々が十分真剣で忍耐強くありさえすれば、頭の中に言葉もイメージもない意識状態に到達することは可能なのです。

10. この言葉のないイメージのない意識状態こそ神であります。我々の真の本性はそれと同一です。この神は特別の宗教には属しません。誰でも自分自身の中に自分でその神を見出すことが出来ます。為すべきことは自分の心と脳を静め言葉もイメージも涌いて来ないようにすればよいのです。
11. 哲学的、心理的、社会的、政治的、経済的そして宗教的な問題は互いに入り組んでいて分離できません。全ての人間的問題の背後に人間の心があります。もし自分の心を理解し改善することが出来れば、我々のあらゆる問題は容易に解決できます。そのために我々は自分の内部に絶対的平和、絶対的自由の状態を実現しなければなりません。人を搾取せず、自然的な慈悲心から人を助けようとする心がけをもって、この世で活動する時、我々は争いなき世界を創造できるでしょう。普遍宗教の精神は全ての個人と広く全世界を助けることが出来ます。

　普遍宗教のこうした簡単明瞭な原則は、学校や大学で若い世代の人々に提示するのもよいでしょう。若い人達が生れた時からの宗教の儀式や儀礼に従がうことは社会的な必要と言うことで別に問題はありません。しかし、若い人達には、人格の構造とは何か、宇宙的な力が人格の中でどのような役割を果たしているのかを理解させる必要があります。物質的世界に無関心で、自分自身と世界の究極的真理を知りたいと欲する若い人達いますが、彼等の内に既に存在している神の頭を発見できるよう彼等の内面的成長を促進することをもっと援助してもよいのではないでしょうか。実際、これこそ教育最高の目的でなければならないのであります。

　　　　　　　　　　　　　　特別講演会　「普遍宗教はありうるか」基調講演
　　　　　　　　　　　　　　1996年5月17日　於きゅりあん大会議室 6:30～9:00

講演4　仏陀の真の教えは何か

　仏陀とかキリストのような宗教的指導者につきまとう悲劇の一つは、一般の人々がその教えに接し得るのは、その教えを歪めて解釈している人を通じるしか他はないということです。しかし、これはどうしても避けられないことであります。何故なら宗教的天才の洞察は普通の人の考えと根本的に異なっているので、普通の人間がどんなに努力しても、その本質が見えてこないからです。その結果、普通の人は自分の不完全な理解力で天才の教えを解釈することになります。その解釈に、信奉者が抱いている恐れ、希望、倫理観、悪徳と美徳、あの世に行ってから良い報いを受けたいという希望などがどうしても入り込んでしまうのです。時が経つうちに、宗教的偉人の人格について神話が作り上げられて行きます。

　宗教的教団が成立して、その内部に序列などが形成されますと、一般の普通人は、限定された歪められた見方しかできない指導者が、宗教の名において信じよとか、行へとかいうことを盲目的に受け入れるようになります。偉大な指導者の初期の崇高な統合的な教えは数多のセクト、さらにそのサブセクトに分裂していき、偉大な指導者が人類に伝えたいと思った最初の素朴な教えを知ることが実質的に不可能になる時代が来てしまうのです。

　宗教の創始者は例外なくこうした悲劇に見舞われます。普通の人間には、様々な教団や教派の各指導者の実際の言行は分かりますが、偉大な魂が人類に伝えようとしたことを正確に知る方法が全くありません。しかし、教団や教派の指導者たちの意見は相互に食い違っているので、至るところで混乱が生じます。自ら深い宗教的な求道を続けていく能力と勇気のある人間の数は少ないので、この混乱はさらにひどくなります。一般人は宗教的指導者が言うことにたとえ十分納得出来ない場合でも、自分の宗教的な欲求のために、そのような指導者に頼らざるを得ません。宗教の分野では各人独立した考え方を持つべきだとは少しも考えられていないのです。

　現在では宗教のリバイバル復興の必要性がしきりに唱えられていて、人間の宗教は将来どのような形のものになるべきか模索が続けられています。ある特定宗教が他の一切の宗教に取って代わるというのは問題外です。一般の

人々も合理的な考え方をするようになって来ているので、他を顧みず一つの宗教に赴くことはまずあり得ません。それに、人々は宗教に対し根本的な問題を提起するようになって来ており、精神的求道心も次第に深まって来ています。一般人も単なる教義やドグマや儀式だけでは満足出来ないのです。

今日、仏陀の教えはあらゆる偉大な宗教的指導者共通の運命とも言うべき悲劇に直面しています。もっとも仏陀の教えが極めて不完全な形でしか理解されて来なかったとはいえ、仏教がこれまで人類に大きな善をもたらしたことは言うまでもありません。仏陀の清らかな顔立ちは世界中で深い尊崇の対象になっています。眼を半眼に閉じた賢者の顔は崇拝者から何物も取り上げることなく、自分自身を理解することを促し、人間の生命の真理は誰の内にも宿っているのだから、心を静めさえすれば、その真理を会得することが出来ると告げているようです。その顔はこれまで2500年にわたり、平安と清浄、慈悲と超越、無私なる行為の大切なことを数億人の人々に説き続けて来ました。

しかし、次第にドグマ的信仰や神話的な物語が仏陀の人格のまわりに分厚く織り込まれるようになりました。もし仏陀が今日生きていれば、こうした状況を先頭立って非難することでありましょう。過剰過ぎる情緒主義、不必要な神秘的要素が過去数世紀にわたり仏教の中にも入り込んで来ています。必要なことはこの偉大な覚醒者の生涯と教えに元来、埋もれていた合理的要素を掘り起こすことであります。

1. 仏陀は宗教改革のみを切望した

宗教生活は、半可通の知識を振り回す僧侶の手中にあり、彼等は理解を欠いたまま幾つかの儀礼を行ったり、マントラを唱えるだけでありました。彼等は神の神秘とか魂とか死後の生活とかいろいろ説明しておりましたが、それは彼等の無知を覆い隠し、無知なる民衆への影響力を保つのに役立つのみでした。彼等は人間生活の深い神秘とか人間の苦悩の根本原因を探求する興味も能力もありませんでした。彼等は、自分個人の生活面でも他人の生活面でも苦悩を取除く方法を持ち合わせていませんでした。彼等は苦悩を救済するという名目で幾つかの儀礼を行っていましたが、それは悩める人のため

よりは、むしろ僧侶自身の利益のためでした。

　その時代の宗教生活は物質主義に傾き、人間存在の精神的深みを探ることは不可能でした。僧侶や学者達は人生のより深い意味を理解するように民衆を導いて、その救済の方法を発見するより、人々への支配権を確保する方向に向いておりました。実際、僧侶自身、精神的探求よりも物質的世界により多くの関心を抱いていたのです。

　出家してから若い王子は、自分の魂を悩ませていた問題への解答を与えてくれそうなグルを求め、さ迷っておりました。彼は実際、幾人かに出会いましたが、彼等が極めて皮相な考え方をしているのが分っただけでした。自ら様々な苦行を試みてもみましたが、なんら積極的な結果を得ることは出来ませんでした。長い困難な苦行の中で、若い真理の求道者は救済は盲目的に他の人に従うだけでは決して達成されるものではない事を悟りました。神や魂、平安や幸福や自由を説く人達が、それらのことについてあまり良く知っていないことがはっきり分かりました。様々な書物も参考になりませんでした、と言うのは学者により見解が異なっていたからです。自分のための自由への道は自分自身、努力して見つけなくてはなりませんでした。

　シッダルタはその当時の宗教に反旗を翻したのではないと言うことをここで留意しておきましょう。彼が満足できなかったことは、宗教的な事柄について思い上がった僧侶や学者達が一般の人々の考えをすっかり呪縛していることでした。バラモンの僧侶達は人間を暗闇と苦痛から解き放ち、人間に救いの道を示すことの出来る真の宗教について全く無知であることが分りました。今日あるような組織的宗教はその頃存在しませんでした。それに仏陀は新しい宗教を興す考えはありませんでした。彼が望んでいたのは宗教の真の意義を明らかにすることでした。仏陀は、ダンマパダの中で次のように述べております。

　　彼に、この岸も彼の岸もなし、恐れもなく、纏わりもなし、
　　かかる人をば、我、バラモンといわん。(385)

　仏陀がバラモン階級に反対していたわけではないことが、この言葉でよく分ります。仏陀はいやしくもバラモンと名乗る人々が本当の意味でのバラモ

ンになることを望んだのであります。仏陀はいつしか、まぎれ込んで来た退廃した宗教を浄化しようと努力されただけなのであります。

　ヒンズー教と呼ばれるようになったのはもっと後代ですが、兎も角、ヒンズー教といった一般名称で呼ばれるような宗教は当時存在しませんでした。その意味で仏陀は一生ヒンズーであったともいえるのであります。有名な仏教学者ライス・デイビスが言うように仏陀はヒンズーとして生れ、ヒンズーとして暮らし、ヒンズーとして亡くなられたのであります。彼は決して新宗教を興したわけでなく、現にある宗教の真の意味を明白にさせようと努力されたのであります。仏陀の言葉には、その当時、インドで使われていた伝統的な宗教的哲学的用語で一杯であります。我々が現在、仏教として知られていることだけに話を限定してしまうと、仏教を理解することが出来ません。仏陀が真に説き明かそうとしたこと、仏教の真義を知るにはインド思想の全スペクトラムとその歴史を知らねばなりません。例えば、ダルマとかカルマとかサンサーラ、ニルヴァーナ、アーリヤサティヤ(四諦)、プラディヤ（般若）、ボーディ（菩提）、といった仏教徒がよく使う用語は仏陀の現れる以前からも、それ以後も、インドでは広く使われていたものであり、それらの言葉の意味はそれが使われる文脈をよくわきまえて始めて、仏教用語の意味が確定されるのです。般若心経に出て来る一つ一つの言葉にしても、その背後には数千年の歴史があります。般若心経を理解するには、その用語の背景よくよくわきまえていなければならないのです。更に一言付け加えますと、般若心経はその原典に溯らない限り、その意義を明らかにすることは全く不可能であります。

2. 歪曲された仏陀の教え

　仏陀の真の教えが歪曲されてしまったのは悲劇です。ここで今日の仏教徒の間に再び仏陀が生れた場合を想定してみましょう。前世において仏陀がそうであったように、現代社会に再来された仏陀も極めて探求心に富み、人生問題の解決を目指すものと仮定します。根本的な人生問題に煩悶した現代の若いシッダルタは現代の仏教指導者のもとを訪れ、前世でバラモンの学僧に尋ねたのと同じ質問を発するでありましょう。おそらく今日の仏教の僧侶や

宗教的指導者も、仏教の教義を信じなさいとか仏教経典を勉強しなさいとか、経典を読誦しなさいとか儀式をやりなさいとか、特別の修行を試みてみなさいとか言う筈であります。

しかし、現代のシッダルタが、前世で自分がして来たことをよく覚えているとしますと、彼は今日の仏教の僧侶や宗教的指導者に対して次のように言うことでしょう。「だが、宗教的な教義を信じよとか、経典を研究せよとか、儀式をせよとか、ある種の苦行や修行を試みよとか、、ということは、私が前世でバラモンの学僧に言われたことと少しも変わらない。いろいろなヴェーダの神々を讃嘆する代わりに、仏陀を讃嘆する経典を読誦しているだけだ。しかし、その様なことをしても、人間の精神的な問題の解決にはつながらない。その様な問題は今日どうすれば解決できるのであろうか。」

仏陀がその昔反抗したのと殆ど同じ事が、仏陀の名前において、現在行われております。もし仏陀が今日生れて、その事を知れば、仏陀は非常に悲しみ、先ず恐らく仏陀の名の下に行われている全ての事を廃棄する様な方向で行動するでありましょう。仏陀は精神的救いを他人に与えることの出来る人など誰もいない、と言うことを仏陀は説いたので、仏陀は、世界中で数千万の人々が仏陀を神として崇め、彼に向って救いを求めるのを見てショックを受けるでありましょう。各人は自分の解放のために、自分で努力しなければならないのです。

仏陀が、今日再来すれば、自分の名の下に行われている沢山の儀礼を全面的に否定することでしょう。又仏教の様々な宗派によって作られた序列に苦笑を禁じ得ないでありましょう。仏陀ならば、真理に至る直接ルートは全ての人間が自分の内に具えていること、宗教指導者に盲目的に従うことは、信奉者自身が自分で心の牢獄を作るようなものであると、説くでありましょう。学者達が様々な経典、例えば般若経等の正しい解釈を巡り、重箱の隅をほじくり返すような議論を果てしなく続けていることにも驚くでしょう。仏陀なら恐らく次のように言うでしょう。

「プラディヤ英知（般若）とは心の次元を超えた状態と言って来たではないか。自分の心を静め、何の役にも立たない用語についてとやかく議論する代わりに、プラディヤ・パラミタ超越的な英知、般若波羅密の状態が如何な

るものであるか、直接体験したら良いではないか。」
　人類の宗教思想の上で仏陀がなした偉大な功績の一つは、経典とか教義とか儀式とかその他如何なる権威とかに頼ることなく、全ての個人は自分の責任において、各自の精神的進化に関わりうることを明かした点にあります。残念ながら、人生において独立的態度を取ろうとする人間は少ししかおりません。真剣にものを考えることは、苦痛であり、特に人生の根本問題を考えることは特に難しいのです。大概の男女は宗教の名の下、あれを信じなさいとか、あれをしなさいと言われるのを望んでおります。我々は生れた時に、既にある宗教の中にあり、その後の人生もずっとその宗教の教義や儀式に束縛されて生き続けるのであります。
　それは人間によって人間に加えられている、最も大きな束縛の一つであります。残念なことですが、組織宗教は全て、実際的には自由な思考活動を阻害し、実相を見通す視力をことさら制約する心の牢獄であることが解っておりません。その中で生まれ育ったため、我々は牢獄の存在さえ気づいておりません。その牢獄の壁を壊し、外部の自由な世界を見る勇気を持ち合わせている人はごくまれです。大概の男女は人生で安全を願っています、牢獄は不安定な外部世界から身を守ってくれるので、彼等にとって、安全を提供してくれるものになっています。

3. 仏陀は心を人間の活動の中心に据えた

　しかし、クリシュナムルティが指摘しているように、安全を求める限り、人間に安全は存在しないのです。苦しみから逃れようと、どんなにもがいてみても、それを避けることは出来ません。どこに行こうとも苦を避ける道はありません。その理由は、仏陀が発見したことですが、苦しみは人生の外部環境に存在するのではなく、人間の心の性質そのものにあるからです。人間の心は矛盾相克しあう時には実現不可能な欲望の網の目を紡ぎ出します。これらの欲望は満たされないと苦痛を人間に与えるのです。苦から逃れるためには、心の動きを理解し、それを統御しなければなりません。仏陀が現れる以前でも、インドの伝統では人間の内面世界についての議論の中で、心は重要な実体でありました。しかし、仏陀は心というものを人間生活の中心に据

えたのです。

　ダンマパダ冒頭に、次のような詩句があります。

　　心はあらゆる現象に先立ち、それらの中心なり、
　　一切の現象は心によって作り出される。（1）

　これは革命的な言葉であります。人間の世界は文字どおり心によって作り出されます。心を中心に据えるということでインドの哲学と宗教に新しい局面を開きました。

　まず、この言葉は、人々が宗教的教義や儀式から独立して個人的生活面で幸福を見出すために、心を平静にする方法を自分で発見するように、勇気づけます。

　第二に、多くの哲学者が、心の本性を深く研究し、心の働きが人間の内的世界と外的世界を関係づけているかを観察するように勇気づけます。仏教は世界において最も偉大な哲学的体系の一つを作り上げました。

　ディグナーガ(陣那)、アシュヴァゴーシャ(馬鳴)、ヴァスヴァンドゥ(世親)、ナーガールジュナ(龍樹)等の偉大なマスター達は世界の本質と人間の本性について優れた洞察を与えてくれました。それらマスターは、心と心によって作られた思考世界の限界を極めて明確に示してくれました。彼等が述べたことは普通の人達にとっても日常生活の行動面で役立つばかりでなく、科学者や哲学者が、世界と人間の生命の究極的現実を知る上でも大変参考になります。

4. 宗教は論議から離れ、実践を目指すべし

　仏陀はダルマについて果てしなく論議することよりは、ダルマを現実に実践することに最重点を置きました。ダンマパダの中で示された仏陀の教えは真剣に宗教的生活に取組もうとする人々にとって必読の文献であります。次に、その幾つかを挙げます。

　　「この世の恨みは恨みによっては止みがたい。恨みなきによってのみ恨みはついに消え去る。これは不変の真理である。」(5)

「聖なる経文をいくら唱えても、その教えに従がった行いをせず、放逸なる者は他人の牛を数える牛飼いに喩えられる。彼に沙門の徳は得られない。」(19)

「精進こそ不死の道、放逸は死に至る道なり、いそしみ励む人は死することなく、放逸に耽る者は、命ありとも既に死せるに等し。」(21)

「心を奮い立たせ、いそしみ励んで、良く自制することにより、賢い人は洪水にも侵せられない一つの島を作るであろう。」(25)

「心は素早く動いて捕えがたく、欲するところに飛んで行く、その心を統御することは善し、よく整えられた心は安楽をもたらす。」(35)

「敵意を抱きつつ敵に加える暴虐よりも、盗人が盗人に及ぼす害悪よりも、誤った方向に進む心は、はるかに重大な損害をもたらす。」(42)

「一つは理財の道、一つは涅槃への道、この理を明らかに知り、仏弟子たる修行者は世人のお布施に嬉しがることもなく、ひたすら超越の道にただ励むべし。」(75)

「ひとかたまりの岩山が風に揺らぐことがないように、賢者は非難や賞賛に少しも動かされることがない。」(81)

「人中で、むこうの岸に達する人はまこと少ない、その他の人々は、ただこの岸にいて、右に左にさ迷い歩くのみ。」(85)

「戦場にうち出で、幾千万の敵に勝つよりも、一人己に勝つ人こそ、まこと最強の戦士なり。」(103)

これらの言葉は、宗教的指導者によって人類に与えられた教訓の中でも最も賢明な言葉でありますが、大事なことはこれらを本当に理解して精神的水準を向上させるために、それらを日常生活の中で生かすことであります。

5. 知性的な仏陀の教え

人間生活の中心に心を置くことにより、仏陀は人間の知的探求に極めて深い奥行きを持たせることになりました。普通、我々は外部に客観的世界が存在していると信じ、自分の言葉や科学、哲学を通じてそれについて考察を加えます。しかし、仏陀の深い教えによると、それは幻想だというのです。深い意

味において、外界は我々がそうであると考えているように存在してはおりません。般若心経の中で、仏陀はシャーリプトラに次のようにいいます。

「この世で、形態は空である。空自体が形態である。形態は空と異なっていない。空は形態と異なってはいない。およそ形態あるものはそれ自体空であり、空なるものそれ自体が形態である。」

　心経の中心的命題は、存在と非存在の間には相違がないと言うことです。見える世界は空である。空なるものが、この見える世界である。

　しかし、それでは如何にすればこの事が分るのでしょうか。

　この質問への最も簡単な答は、仏陀によって提示された道を歩むことです。これは他者の言葉に依存することなく、何事も自分自身で直接体験することです。目を閉じて、心を完全に静めることが出来ると、頭には何の動きも無くなり、我々は空の状態になります。又目を開けると、我々は再び目で見える世界の中に戻ります。

　しかし、本当のところ、我々の大部分はシュンニャの世界に自由に没入することができません。目を閉じても、外的世界はイメージの形で我々の頭を一杯にしており、我々の心はそのイメージ世界の処理に忙しいのです。我々の周りの世界の根底には大きなシュンニャがあります。その空から各人の心の働きに従って、様々な物や人間や出来事が不断に作り出されるのです。人間が自分の心を絶対的に静かにさせ、言葉もイメージも生じなくなれば、外界もその中における個人的存在も、その人にとって全く溶解してしまいます。すると、その人間はニルヴァーナの状態になるのです。人間の苦悩を終焉させ、救いを発見するために最も大切なことは、宗教教義を信じたり、宗教儀式を行うことではなく、心の働きを理解し心を完全に静めることです。

　しかし、残念なことに、仏教は仏陀の名において情緒主義的傾向を相当帯びるようになりました。シッダルタが悟りを開かれた時、サンスクリットで覚者、ブッディ（純粋英知）のレベルに到達した人間を意味する仏陀として、人々が彼を認めたことを想起して下さい。仏陀の教えには神秘なものがありません。人々が彼を教師として認めたのは、仏陀が精神的真理を直接悟り、宗教の領域から虚偽を取除こうとされたからであります。彼の中に、人々は自分の宗教の体現者を見出したのです。ヒンズー教には十人のアヴァターラ即

ち化身という概念がありますが、大事なことは仏陀がラーマやクリシュナとならんで神の化身として考えられていることです。

6. 普遍宗教としての仏陀の教え

　仏陀の真の教えを理解するシナリオをここで描いてみましょう。

　一群の人々が地球から火星に移民すると仮定します。これらの人々は地球から移り住む時に、新天地に住むのに必要な全てのものを携えて来ました。新天地でも地球と同じように快適な生活をすることが出来るようになっているのです。しかし、ふとした手落ちで、宗教に関連した本は持って来ませんでした。又、地球上でどんな宗教があったか、誰も思い出せないでいます。

　そこで問題ですが、火星に移住した人間は果たして独自宗教を発達させることができるでしょうか。それとも仏陀やイエスやモハメットみたいな人が現れて宗教を授けるまで、無宗教で彼等は暮らすことになるのでしょうか。

　この問題に対する答えは宗教の真の始まりを理解することにあります。人間の宗教的精神は様々な理由から生まれます。

①人間の様々な集団の間には軋轢が存在することを人間は見出しました。人は人間社会に平和と調和を打ち立てることを望むのです。
②人間は宇宙の巨大さとそれに比べ人間が全く取るに足らない存在であることに圧倒され、宇宙の性質とその創造者を理解しようと望みます。
③人間は内的混乱に悩み、心の平安を見出す方法を発見したいと思います。最後に、
④どんなに快楽に取り囲まれていようと、人間にはそうした外的手段では満足できない渇きがあることを発見します。彼は自分の存在の源泉を知り、その究極の運命に到ろうと欲します。

　宗教の始まりに関する、こうした理由は、特別な人間の集団に限りません。それは人間の本性に根ざしているのです。そこで、たとえ火星に暮らせるようになり、地球上の既成宗教を忘れても、いずれ彼等は宗教に近いなにものかを探し始めるでしょう。教条的キリスト教徒は、バイブルを忘れイエスキリストが教えてくれたことを忘れてしまったので、宗教がどんなものか決して知り得ないであろうというかもしれません。教条的回教徒はコーランが無くては、宗教については何も知り得ないであろうと言うでありまでしょう。しか

し、仏陀ならば、次のように言うことでありましょう。
　「もし火星に移住する人々が知的で、真剣で注意深い人達なら、彼の悩みは自分では制御しえない心の動きに由来することを発見するであろう。そして、遅かれ早かれ、平和で調和ある生活をする道を見出せることだろう。まず、内なる実相の本性を瞑想して、心を完全に静めるならニルヴァーナに到達することは可能である。私がこの世に現れて真理を説くまで待つ必要はない。真理はすでに内在している。それを発見し、それにしたがって生活するだけで良いのだ。」
　仏陀が常に弟子に語っていたことは、
アッパディーポ バヴァ *appadipo bhava*
「自ら自分の光明となれ。」これが仏陀の真のメッセージです。

7. 自ら自分の光明となれ

　自分の救いを見つけるのに、別に宗教的権威や神を信仰する必要はないのです。神とか魂とか、天国とか地獄だとかいう概念は全て人間の心が産み出したものです。心を超えたものに関する問題は心によって解答し得ないのです。人間にとって緊急問題は決して神の本性を知ることではありません。自分自身の本性を知ることです。
　真剣に観察するなら自分の心が世界の全てを作り出していることを発見できます。外的な物質的世界も心の働きで作り出されたものです。心の統御されざる働きと、足ることを知らない欲望が人間の苦悩の根本原因です。人間は自分の心の主人にならなければなりません。自分の心を完全に鎮めた時、従って、個人的欲望に突き動かされた活動が全く無くなった時、初めて人間はプラディヤ・パーラミタの状態、超越的意識の状態に到達します。そこに人間の究極の救いであるニルヴァーナがあるのです。
　これは希望とインスピレーションに満ちたメッセージです。それは完全なる自由、心の頸木からの自由、ドグマ、儀礼、権威からの自由であります。
　普通の人間にとっては、この仏陀のメッセージを理解することが、若干難しいであろうことは認めます。普通の人々は日常の様々な問題を抱えた生活の中で、すがるべき具体的なものを望んでいるからです。その様な人達には、

ある種の信仰、儀礼、儀式などが必要でしょう。これは極めて当たり前のことであります。宗教の始祖達の言葉を盲目的に信奉して、宗教的な儀式を行えば心を一時的に静めることが出来ます。

しかし、ここではっきり理解しておかなくてはならないことは、これらの信仰や儀式は決して宗教の究極的な対象物ではないということです。これらは特定の宗教の信奉者にある種の内的な平和を与えますが、様々な宗教的な集団の間に不可避的に軋轢を産み出します。またそれらの信仰や儀式を通じて心は静まるかもしれませんが、心がより高い理解力のレベルに成長することはないのです。人間は平和を見出すと共に、より高い精神的レベルに向って成長しなければならないのです。

仏陀の教えに従がう限り、人間の精神的探求と知的探求との間には何の矛盾も生じません。その両面において、人間の心はその中心的地位を占めております。心の働きこそ文字どおり外的並びに内的世界を作り出すものであります。人間の心の本当の性質を知らなくては、我々は科学によって研究されている外的世界の究極的性質も理解することは出来ません。人間の内的な悩み、恐れ、不満、緊張、混乱は心の働きによって作り出されます。心の作用をよくよく理解し、心を鎮めて心の統率者ならない限り、内的世界の永続する平和は有り得ません。人間が将来進化しなくてはならないのはこの方向であります。

現在人間の生活は、家族のレベルでも社会や国家のレベルでも全世界的規模のレベルでも混乱の極にあります。人間は現在、ドグマや儀礼から自由な、人間を精神的探求に導いて行く普遍的宗教を手探りの状態で求めています。個人と社会のレベルにおける今日の危機は人間が自分を変えより高い意識の次元に進化するための挑戦であり、好機であります。仏陀の教えは人間をより高い進化に向かわせるための大きな道標であります。

1997年6月10日於きゅりあん

講演 5　心の発展のための教育　理論と実践

1. パーソナリティの三つのレベル

人間のパーソナリティは三つのレベルから成り立っています。

一つは内的なフィーリングのレベル、もう一つは心の働きのレベル、最後に一番外側に肉体のレベルがあります。教育の目的はそれぞれのレベルに対してバランスの取れた発達を促すことであります。

"I experience"（経験）はフィーリングにつながり、

"I think"（思考）は心の働きにつながり、

"I will do"（行動）行動はまさに肉体を伴う運動であります。

この三つのレベルから成り立つ人間のパーソナリティを、一つ一つ検討していきましょう。

フィーリングのレベル

パーソナリティの中核にあるのがフィーリングです。例えば、飢えを感じると、何か食べ物を見つけたいと思うでしょう。恐れを抱けば、どうしたらその危険から逃れられるかと、道を探すでしょう。野心に駆られれば、戦場や競技場、またはビジネス面で相手を負かしたいと思うでしょう。イライラする、心が落ち着く、楽観的になる、ペシミスティックになる、これらはフィーリングを指しているわけですが、人間は自分の中にフィーリングが生まれなければ、自分がどこへ向って進めばよいか分りません。フィーリングこそ、行動に方向性を与えるものです。

心の（メンタル）レベル

二番目のレベルは心のレベルです。人間の心、心の本性についてはいろいろな理論がありますが、これに拘泥すると話が混乱するので、今日の主題「心の発展のための教育」ということに話を限定して、心の性格・本質を説明しておきます。

インドでは、フィーリングと心は二つの異なる概念として、明確に区別されております。意識を内に向けた時、頭脳の中で常に動いているものが心です。我々は五感を通して、外からいろいろな情報を受け取っていますが、その主体が心です。マインド（心）は、頭の中で常に言葉とそれに関連したイメージを作り出しています。頭の中で言葉やイメージを作り出しているのが心の思考活動です。

身体のレベル
　第三のレベルが身体です。我々は身体ならびに五感を持っております。そうして感覚器官と身体を使って、世の中であらゆる活動を展開しております。健康に保つためばかりでなく、技術社会が要請している熟練を要する仕事を達成できるよう身体を訓練する必要があります。

2. 教育における外面重視と内面尊重

　外から見て最も目立つのがパーソナリティの外的側面ですが、我々は、その部面を最も重要なものに見てしまいます。人の身体的風貌、彼の行っている仕事の種類、会社や政治や社会の中での得ている地位など、外面で我々は、人を判断しがちです。外見的に高い地位にある人を成功者と見なし、そうした成功者になりたいと考えます。
　無意識的なのですが、今の教育システムは、そうした外見的な成功者を作り出そうとする方向に、次第に進んできています。その結果、教育カリキュラムは、将来お金が沢山稼げそうな、あるいは社会的に高い地位に就けそうな科目に重点を置くようになりました。どこの国でも、科学とか技術、工業・商業に関する科目に力点が置かれることになりました。
　これは日本だけのことではありません、世界中が同じような傾向にあります。成功できそうな、将来お金がたくさん稼げそうな科目を修めるように、親達はこぞって子供を督促し、無理矢理にでもそうさせようと頑張っています。現在の教育は、子供達を外見的に見て、成功させる手段になってしまっているのです。

人間の中心は内面世界

どこの社会でも、他の人と競争することに無関心な子供、そして物質的な事柄に興味を示さない子供が居るのです。その様な子供は、人生とは、「お金を稼ぐことである」、「この世の物質的快楽を堪能することである」とは思っておりません。彼等はもっと内的な人生に関心を向け、自分自身を理解したいと思っています。そうした子供達を助けようとする配慮が、現在の教育システムには全然ありませんので、その結果、そうした子供達は全く行きどころがなく、途方に暮れた感じを抱くようになります。

子供を含め、この世の全ての人間は基本的には、一つのフィーリング・センターです。我々の生活は常にフィーリングによって支配されております。物質的世界は人間の大きな欲求を満たします。しかし、現在の生活では人間内部のフィーリングがあまり顧慮されておりません。 人間は自然を理解するよりは、自分の物質的欲求を満たすために利用しょうとしています。しかし、一方で人間は自分自身を理解したい、そしてもっと大きな心の平和と幸福と自由が得られる方向に内面的に成長してゆきたいとも思っているのです。

内面尊重の教育

このフィーリングの面は、自分の内部を覗くことで解ってきます。現在の教育は自分の内部を見て、内なる存在の源泉を見出すように、子供達を励ますことがありません。自分自身にとどまらず全宇宙の偉大な神秘は自分の中に存在しています。我々の生活を常に支配する神秘的な力が我々の内に存在しているのです。その力を知り、その力に波長を合わせて生活して行くことが人間には可能なのです。そうして始めて我々の心は、平和と調和、幸福と自由の方向に向うことが出来るのです。

ところで我々の内部に存在しているその力について触れると、宗教的なことを話しているのではないかと思われがちです。しかし、実際、その神秘的な力こそが、我々の生命の根源であり、また我々の究極的な目標なのです。よい教育とは、子供達がそうした力のあることを知り、それと調和して生活して行けるようにしてゆくことにあります。

我々の個人的存在は、大海原に戯れる波に喩えることが出来ます。大海原は宇宙意識を表現しており、表面の波が各個人を表しています。全ての波と言う波は海のエネルギーによって生まれ、終局的には、海に融合します。しかし、そこへ行くまでに、それぞれの波は海の表面をどんどん走ったり、太陽の光の中できらめいたり、波同士がぶつかり合ったりしています。
　この戯れる波の中に、最初から大海原そのものとの融合を目指す波もあって、そうした波はすぐに大海原に溶け込もうとします。こうした波は、この世の表面的なきらびやかな生活を眺めながらも、自分の存在の源泉に戻ろうとしている人間に対比することが出来ます。そうした人間は外的な世界の表面的生活よりも、自分の意識の内的世界により大きな関心を抱いています。
　端的な言い方で申し上げれば、人間のパーソナリティの中核部分に対する配慮が、現代社会では極端に足りないのです。我々としては、そこを何とかしなくてはなりません。もし我々の心が発達しなければ、物的世界での発達は無意味になります。仏陀は、この世の全ての一番先頭にあるものが心だと言っております。人間の生活を改善する為には、先ず心を改善すべきであって、我々の教育制度も、この問題に立ち向かうべきなのです。

3. 心の発展のための教育

　我々の心は常にフィーリングによって動かされます。心の発展を問う時、先ず自分の中に絶えず湧き上がって来て、心の働きを支配しているフィーリングの特性を考慮しなくてはなりません。人間の頭脳は、決してある種の情報を処理するだけの機械ではありません。人間は基本的には自分の中のフィーリングに従って行動しており、そのフィーリングに従って欲望を充足させようと試みております。教育は基本的に子供のフィーリングに配慮しなくてはならないのです。
　競争は、ある領域ではよいかもしれません。その場合、嫉妬とか羨望はどう扱ったらよいでしょう。我々は他者に嫉妬を感じるべきなのでしょうか、それとも友情を抱くように務めるべきなのでしょうか。

こうした問題は中学レベルからでも、生徒同士で討議できると思うのです。それを通じて、競争の何が良くて、何が悪いか、競争の本質を子供達に気付かせることができるでしょう。彼等は結局、内的生活に競争が無意味なことを見出すかもしれません。

　「私は一番平和な人だ」とか、「私は地球上で一番幸福な人間である」とか主張しても、その様な言い方をすること自体、平和とか幸福が何を意味しているのか分っていないことを暴露してしまいます。心の落ち着きとか幸福は比べられないのです。同じように、また、宗教の分野でも競争は無意味です。ある宗教が他の宗教よりもよいということ自体、宗教の精神にもとることです。

　心の発達で、極めて大きな危険は、若者へのインドクトリネーション（Indoctrination）、決まった考え方の押し売りです。政治的イデオロギー教育、あるいは宗教教育、グルによる説教という形で、世界中で子供達の自由な思考が阻害されています。今日、コマーシャルは若者の心を猛爆し、誤った意見が事実としてまかり通っています。こうした状況の中で、子供達が押し流されないように配慮する事も教育者の責任です。

自己観察の習慣化

　どの子供達にとっても、一日数分、目を閉じて自分の頭の中で心がどのように動いているかを観察する時間を持つ事は意義があります。子供達にいろいろなフィーリングが自分の中に湧き上がっているのを眺めさせるのです。フィーリングに従い、いろいろな言葉やいろいろなイメージが中に湧いてきています。そうした言葉とかイメージの連鎖が思考活動ですが、そうしたものを押さえつけるのではなく、少し高い立場から眺めさせることが、非常に大事だと思うのです。

　それに人間の思考活動の本質というものを理解させる事も大事です。

　科学技術の分野では、はっきりとした定義付けが可能なので、思考は積極的な成果をあげられるでしょう。しかし、内的な生活では、思考は問題解決につながらず、寧ろ混乱を助長する結果になることもあります。

　教育において記憶は一定の地位を占めています。ある事実の記憶は確か

に役立つこともありますが、他の人の意見を覚えるという事は、無意味であるばかりでなく、有害になることもあるのです。例えば、歴史や文学である解釈を覚えるように仕向ける事は、子供達から独立的な思考力を奪うことになります。

心を鎮めることも学ぶ
　頭脳の中で規制できない不必要な心の動きは、ある子供達にとっては非常に耐え難いものになることがあります。そうした状態の若者はドラッグに走ったりして、非常に危険です。そこでヨーガとか瞑想を通じ、心を鎮めることを学ぶ必要がありましょうし、またそうすることによって、人間の心の葛藤を解き、心を平和にすることによって、人間関係が上手く行くことを体験させる必要があります。

　子供達は同時にまた、自分が孤立した存在ではないという事を学ぶべきです。自分の自然との関係、あるいは他の人間との関係、あるいは宇宙との関係を理解する必要があります。それに加えてまた自分自身との関係というものも理解すべきです。人間というのは、自然とか他の人間を利用する為に存在しているわけではないので、やはり自然や生きとし生けるもの全てのものと調和して生きることを学ばなくてはならなりません。

インドのグルクラム教育
　私は古代インドで発達したひとつの教育システムに言及してみたいと思います。これはグルクラム *gurukulam* 、グルは先生、クラムは家族という意味で、グルクラムは教育施設のことです。

　私は子供の頃、グルクラムに送られました。幼児期は両親の愛情に包まれて育てられますが、少年期になると、別の家族つまり先生の家族の一員になるわけです。これは改革主義運動の結果出てきた学校で、古代インドの教育システムを蘇らせようという試みから出来た教育システムです。

　古代のグルクラムはガンジスの森の茂った場所で、6歳から8歳の子供が先生の家に引き取られて教育されるシステムでした。

　教育は基本的には無料で、子供の食料費と衣服費を払えば教育費は無料

講演 5　心の発展のための教育 理論と実践

でした。私の両親は非常に貧乏で、食事代も不足して出せなかったため、スカラーシップをもらって教育を受けたのです。

　その学校では、子供達は同じ服装をします。金持ちの家庭から来ようと貧乏な家から来ようと、着物も同じ、食べものも同じというようなことで教育が行われました。

　このグルクラ・カングリは、約１４年間、同じ所で勉強するのです。私の場合は２年生からでしたが、初等教育から１３年間、同じ所、同じ環境で教育を受けました。

　近代的な物理、化学という学科もその中で教えられましたが、同時に古代のインド哲学、サンスクリットも初年度から教えられました。ですから、サンスクリットは私の母国語と同じです。

　９年生になった時にバカヴァッド・ギータが教えられました。その意味は充分に呑み込めませんでしたので、歌として習いましたが、後年、深い意味を勉強し直したわけです。９年生の時に論理学の古典を学びましたが、古典を学んだことにより、後年、システマティックに思考する習慣を身につけることが出来ました。

　学校の雰囲気は非常にリラックスしており、あたりの環境は非常に静かです。優れた先生を呼んで、議論し合いながら教えを受けました。

　私が育った時代はマハトマ・ガンジーが独立運動をしていた時期で、その影響は教育の中でも感じられました。お金を稼ぐ、高い地位に就くということよりは、もっと崇高なことが人生にはあるのだということを常に見聞きする環境で育ったことは本当に幸せだったと思います。

　最後に大学レベルの教育が行われました。インド哲学だけではなく、西洋哲学も強制的に義務として学ばされましたが、これも後年非常に役立ちました。

　人生とは何かとか、心の本質は何かという議論は中学・高校で討議する前に、幼少段階から準備的な議論が必要だと思います。

　機械の仕組みは、機械を購入した時に学ぶ事がいいのです。肉体が機械であるとか脳がコンピューターだという説があります。そうであれば、小さい時からその働きを教える必要があるかも知れません。

低年齢の時に、五感とは何か、から始めて、外に働きかけるときに使ういろいろな身体の道具（手、足、口、肛門、生殖器）についても、その働き方、その相互関係もしっかり教えられました。
　心の働き方を反省するには、怒った場合、直ぐに反発し、殴られたら殴り返すと、不愉快な感じが増幅されます。それを行動に移さないで、怒りを別の方向へ少し留めておく練習も心の動きとして可能です。ですから心の働き具合を低年齢の時でも教えることは可能です。
　確かに、心について低学年で教えるのは難しいかしれませんが、五感を通して情報が入って来た時と、それから行動を始めるまでの間にある種の隙間があるということ、五感を通して何かキャッチしたら、それに対し、あるアクションを起こすことの間に、ギャップがあるということに気付かせることは低年齢でも可能です。
　五感という入力器官と、それから出力器官として言葉とか手足があって、その中間に心が存在することは、若年齢でも十分理解可能です。心が小粒子みたいのもの、ということも知らせておく事が大事です。
　聞く事と見る事は、同時には出来ないことも教えておくのもいいと思います。心は、頭の中ですばやく動くけれども、非常に小さなものであることも理解させることは可能でしょう。
　意識的に出来る事は、ある瞬間では一つしかないわけです。確かに自動車を運転する時は、全五感を集中させますが、ブレーキペダルを踏むときにはアクセルペダルは踏めません。ある時点において、一つのことしか意識的には出来ません。
　子供達にマインドが頭の中で動く様子を観察させることは出来るでしょう。さらに心の動きを少し超越した立場から眺めるように、目を閉じて観察させると、心が非常に不安定で常に動きがちなものであることに、子供達も気付いてきます。
　また、人間はある種のフィーリングにいつも包み込まれているという事実に、気付かせることも６歳から１３歳で可能だと思います。
　人間は心地よいフィーリングを追い求め、不愉快なフィーリングを避ける傾向をもっております。これにも気付くことは簡単です。

グルクラでは、両親あるいは社会のプレッシャーから自由になって子供が育てられるので、その意味では自由な教育です。先生達は、子供を我が子のように扱いつつ、子供達のオールラウンドな発達に十分配慮します。
　今日、そのような制度を行うことは難しいかもしれませんが、社会にとって、いいと思うところもあるので、休日にグルクラム・セッションというようなものを始めることを、私は提案したいのです。
　グルクラム・セッションでは先生と子供達は一つの家族のメンバーとして出会います。他のプレッシャーも恐怖も存在しないのです。自由な雰囲気の中で、自由なアイデアの交換がなされるような機会になります。そこで、人間性について根源的問題や人間性を改善する方法などが、討議される場があってもよいのではないか。宗派的ドグマとか儀礼的なものは不要ですが、ある種の宗教的雰囲気が醸し出されることがあっても、よいのではないかと思います。
　今日の状況の中で、一時しのぎの表面的な解答というものは、あまり意味がありません。心の発展のための教育という仕事は難しいかも知れませんが、どうしても必要ですし、そういうものの必要性に対して、もっと我々は努力し続けるべきだと思います。またそうしたことが人類の将来にとって非常に大事なのだと思うのです。心の発達ということは、何も我々の子供達だけに関係したものではありません。大人達にとっても重要です。物的なものは、ある年齢に達すれば、大人にとっては意味がなくなりますが、心を育てることは、どんな年齢になっても続けられるべきテーマです。
　従って心の教育は、身体教育あるいは物的なものの配慮に対する教育を越えて、もっと根源的に重要であるということを、改めて考え直す必要があろうと思います。
　我々が自分の中に人を羨むとか、嫉妬とか恐れとか恐怖とかを感じる限り、我々は心を育てる教育というものの重要性を、認識し直す必要があろうかと思います。我々が自分自身に対するそうした教育を何らかの形で起こす事によって、その効果は我々の子供達にまた及ぶことになります。

　　　　　　1996年6月1日 於国立市芸術小ホール「心の教育は可能か」報告趣旨

講演 6　人生についての私の見解

　真理を捉えるのには二つの道があります。
　まず、一つは、外から学者とか学校とか図書館の書物等を通じて知る真理です。
　もう一つは、外に真理を求めるのではなく、自分の内にあるものを発見する方法です。現代の教育制度では、この外から真理を知る方法が主流をなしています。いろいろの知識体系、いろいろなイデオロギー・システム、いろいろな思想信条、そうしたものを解説本などによって、生徒は一つ一つマスターしていきます。
　私の孫娘は、大学で心理学を専攻しているので、いろいろな分野を一つ一つ修了させていかなくてはなりません。心理学は本を通して五年間勉強していくのです。その間、彼女には自分の心を自分で探究する機会はないのではないかと思って気の毒に思っています。本当をいえば、教育は個々の生徒の心そのものから出発しなくてはならないと思います。私も長い間教育に携わっていたので、現代の教育システムをよく知っていますが、今の教育制度は学生に情報を伝達するだけです。
　しかし、私の心を研究する方法は自分の内部へのアプローチから始まります。用意された資料の最終ページに＊、サーンキヤ哲学に基づく、世界観が簡略化されて図示されています。心をテーマにして私が講演する場合、この図表からスタートします。先ず、この小さな一点が個人の心です。心を通じて真理を発見するには相当時間がかかります。インドだけではなく、西洋でも心が我々の世界の中心であると解されています。

＊（本書では、35頁　図6-1参照）

　心とは何かという論議で、六派哲学中のニャーヤ・ヴァイシェーシカの哲学は、心というのは微粒原子のごとき小さな一点であるということを発見しました。このアトミック・マインド、微粒子、微細な単子、この小さな粒のような心が頭脳の中に存在し、その活動によっていろいろな考えが頭に表れてくると考えられます。心の特徴は、常に動き回ると

いう性質です。ヨーガをやっている方はすぐに気づかれると思いますが、頭の中の心はいつも落ち着かないで、動き回ってばかりおります。何かを認識する目的で動き回ります。

　心が外界を知る装置が舌とか鼻とか目とか耳とかいうセンサー、感覚器官です。これは入力装置です。この入力装置からの情報に基づいて、心は外界に働きかけをいたします。

　心が外界に働きかける場合、五つの行動チャンネル（インドリヤ）があります。センサーで入力された情報に基づいて処理された結果を出力する器官として、手足とか舌であるとか排泄器官、生殖器官という五つの出力器官があるのです。問題は心の微粒子性です。極微の一点ということに注目しておいて下さい。

　インド思想では、心は非常に小さいので、一時に五感全部とは繋がらない、と考えられています。心は一時には一つの感覚器官としか繋がらない。頭脳には同時にいろいろな情報が到達していますけれども、心が気づくのは一つの感覚器官からの情報だけだというのです。ですから聞いている時には見えない、見ている時には聞けないのです。

　今皆さんは畳みの上に座っているので、畳みの感触は頭に届いているはずでが、その感覚を今キャッチしてはいないと思います。皆さんの体の周りにある空気の感触も、今感じてはいないと思います。私の白髪に注意を集中すると短時間、他のことが分からなくなります。この黒板を見た場合、その四つのコーナーが一度に見えるでしょうか。三つに分けて書いた字を一度に見えるかというと、同時に見えているようですが、非常に短い時間かかっています。心のそうした性質をニャーヤ・ヴァイシェーシカ学派は発見したのです。心というのは極微の一点であるという、ヴァイシェーシカによる、心の微粒子性の発見の価値はノーベル賞十個にも値するのではないかと思います。

　行動器官はどうでしょう、出力を同時にすることが可能でしょうか。右手で四角形を、同時に左手で三角形を書いてみてください。どちらかの腕の方に優先してしまうのが分かります。両方同時に同じ強さで動かすのはちょっと難しいのです。

自動車の運転も同じで、ブレーキ、アクセル、ハンドル等を、全部同時に扱うのは最初の場合はなかなか困難です。運転が熟練するにつれてオートマティックにそういうことができるようになります。勿論、練習によってオーティマティックに自動的に運転できるようになりますけれども、最初の段階は非常に難かしいのです。

　心は、乱雑に動くことはなく、必ずある方向性をもって動くということの発見もしています。我々の心は常にある方向性をもって世界を眺めます。私の視点というのは自分に取って意味のある視点ということです。これは私のインド的なものの見方ですが、一面、昔からのインド的なものの見方でもあります。

　私、アニル・ヴィジャランカールは独自の見方で世間を眺めています。皆さんも同じだろうと思うのです。

　例えば、私は疲れれば私なりにリラックスします。私がノドが乾けば、その渇を癒すために水を飲みます。マーケットへ行って何らかの買い物をする。買いたいものを買うわけです。私はヴェジタリヤンですから、マーケットへ行ってもヴェジタリヤンとして欲しい食べ物しか目に入りません。

　もう一つの発見は、心の上に心に方向性を与えるある要素があることの発見です。マインドにその方向性を与えるものをアハンカーラと呼びます。実はこのアハンカーラを、英語でエゴと訳しますが、別にこれは悪い意味のエゴではありません。善悪を表す言葉ではありません。

　心が存在すると、その周りには必ずアハンカーラが形成されます。アハンカーラというものが、心に方向性を与えるのです。様々な個人のアハンカーラには重なる部分があります。人間にはそれぞれ自分を取り巻く人たちがおりますので、必ず重なりあうアハンカーラ部分が生じます。

　何人かのエゴがあるとすると、そこに重なり合うエゴがあります。例えば、同一家族の人間には家族共通のエゴ当然あるわけです。日本ヨーガ禅道友会に所属する人々は日本ヨーガ禅道友会共通のエゴが当然あるのです。日本人は日本人としての共通エゴがるので、日本経済が発展すれば日本人は喜び、衰退すれば悲しくなります。日本経済が衰退し

ても、インド経済と無関係なら私はあまり関心を持ちません。

　しかし、世界人類の一員としての共通の部分があります。ある地域の天候不順というようなことがあれば、やぱりそれに共通した部分があります。天候により豪雨地帯と雨無し地域ができると、それぞれの地域のエゴが形成されます。エゴの働き方はそれぞれの家族、社会、集団の様々なあり方によっていろいろな表れ方をします。

　こうした様々なエゴの相互関係を通じて、様々な方向設定がなされますので、心の動きは止むことがない。いつも心はあちこち動き回ります。とにかく頭脳の中にあるプロセスは四六時中働いています。イスラム教徒という同じエゴに属するという要素は、フィリピンにも、マレーシアにも、パキスタンにもインドにもある。そういうところではアメリカのアクションに対して反発が出ています。そのような仕方で世の中が動いていきます。

　別に、複雑な話ではないので、クリヤーなマインドで皆さんとしては、こうした状況にたいするものの見方を学んでいただきたいと思います。

質疑・応答

質問　入力器官、出力器官について、説明して下さい？
答　　入力器官は知覚器官。出力器官は行動器官。両方にインドリヤ、つまり道具という言葉を使います。入力する道具と出力する道具、両方とも5つあるというのがインド人の考え方です。
　　　心とは何かとか、感覚とは何かとか、神とは何かとかを精密に考えていくのがインド哲学の特徴です。今はサーンキヤ哲学とかヴァイシェーシカという名前を持ち出しましたが、別にそれにこだわる必要はありません。
質問　インド哲学は五つくらいあるということですが、どういったものがあるのでしょうか。
答　　1．ニャーヤとヴァイシェーシカ、2．サーンキャ、3．ヨーガ、4．ミーマンサー、5．ヴェーダンタ、
　　　ヴァイシェーシカ学派は、心の問題を特に深く考えた学派です。
説明　アハンカーラのアハムは日本語に訳すと「私」という意味です。

私の視点、私の関心事というような方向で、自分というものを持つ限り、私という１つの方位が必ずある。それが自分の心に方向性を与えます。私という視点に立つ意志がないと行動は不可能です。

質問　ノドが渇いた場合に何を飲むかという方向性がアハンカーラなのでしょうか。

答　水を飲みたいというのもアハンカーラです。私が飲むべきものを決めるのもアハンカーラです。

質問　アハンカーラは人間だけですか、動物にもありますか？

答　動物にも植物にもあります。あらゆる生物は皆独自のアハンカーラを持って生きています。植物のタネもそれぞれ水をめぐり、日光をめぐって相互に競い合っています。

質問　土はどうですか？

答　無生物にはアハンカーラはありません。自分で行動を起こすことができる存在にはアハンカーラがどうしても形成されてしまいます。インドから帰って来ると、一番喜んでくれるのは私の犬です、私の娘より、私の孫よりも喜び、飛び跳ねてくれます。そういう意味で犬には非常にアクティブなアハンカーラはあることがわかります。７年前から犬を飼うようになったのですが、それまでの私のチッタの中には犬は存在しませんでした。ところが今や犬は私のチッタの中の大きな部分を占めています。そういう意味で犬のアハンカーラと私のアハンカーラには共通部分が大きいのです。

質問　アハンカーラには、マイナスのイメージをする部分があるのではないですか？　アニル教授は価値フリーであるとおっしゃったけれどもネガティブな面もあるのではないでしょうか？

答　アハンカーラを英語で訳すとエゴとなります。エゴは、非常にマイナスイメージで受け取られています。ただ、エゴは我々人間が創り出したものではなく、自然が自ら創造した何かであります。

説明　大体、人間は自分のアハンカーラの外にはなかなか出られません。生まれた時から私のエゴは、これを勉強しよう、この人を好きになろうと、いろいろ指示してきました。自分の心の世界にはさまざまなエゴが共通して存在しています。これがいろいろな圧力をかけて、我々の行動を規制します。私が生まれた時に特定のクセというか、アハンカーラを持つ私という存在が生まれたのです。心にもいろいろの性質があり、鋭い心の持ち主もいれば、鈍い方の心の持ち主も

います。

説明　エゴにも、強いエゴを持っている人もいれば、そんなにエゴの強くない人もおります。アハンカーラにマイナスイメージを付与するのはやはりある価値観です。この価値感というのは単一ではありません。ブッシュの立場からすればフセインは悪の権化であります。しかし、サダム・フセインのアハンカーラから見れば、自分は今なおイラクの大統領であり、罪人はブッシュの方ではないかという見方ができるわけです。アハンカーラの下す判断には、何が正しいかということはなかなか言えないのです。第二次大戦で、アメリカと日本は戦いましたが、そのことが良かったか、悪かったかということは非常に難しい。にわかには判定できません。

説明　強いアハンカーラを持った人は、弱いアハンカーラの人をあまり考慮しない傾向があります。私のアハンカーラが強すぎますと、水は私だけのもの、他の人にはあげないというようなことになるかもしれません。アハンカーラがネガティブな意味を持つようになると、非常に強いエゴの持ち主は、他の誰がやったことであれ、全て皆、自分がやったことにして、人の仕事は自分の仕事というふうに独り占めする傾向があります。心が動き出すにはエネルギーが必要です。頭の中のエネルギーが衰えると心は動き回りません。大体、我々の肉体とか頭を活発にさせているのはエネルギーです。エネルギーは必要ですが、エネルギーに方向性を与えるものがあるのです。エネルギー自体では方向性がない。雷が鳴るその時に稲妻が走る。どの方向へ走ろうか、というところまではないです。それはエネルギーの爆発です。津波が起こるというのも同じで、津波に何かをしようという方向性はない。津波が起こるときに波に意識はありません。自然現象です。地震もひずみが溜まれば起こってしまうわけで、方向性はありません。

説明　自然現象の中のエネルギーと、人間が持っているエネルギーは同じようなものではないでしょうか。ただ、頭の中のエネルギーと筋肉の中で動いているエネルギーは自然エネルギーとは少し違うのではないか、自然を動かしているエネルギーと、頭脳を動かしているエネルギーとは少し違うのではないかとも思います。

質問　何とかして、雨が降って少し涼しくなって欲しいと祈った時に、自然現象がそれに応えてくれる場合があったということが歴史上あ

ったと聞いています。祈りの念が自然現象をも変化させるということがあるでしょうか？
答　そういう話は聞いたことはあります。でも奇跡を起こした聖者に会ったことはありません。私も会いたいです。アトミック・マインドはニュートラルで物質的なものです。独自の法則があります。適切な例ではないと思うのですが、アメリカ人が原子爆弾を製造して、広島と長崎で爆発させました。京都では爆発させたくなかったとも聞いています。人間の決定にはある種の選択が見られます。皆さんがヨーガを始める時、友人のサジェッションがあります。それを聞いて、良い効果があるなら始めよう、という判断をするアハンカーラの働きがあります。
説明　そういう方向性を与えるものの中にフィーリングがあります。皆さんの頭の中のフィーリングが方向性を与えているのです。私の話に役に立つものがあるかも知れないという期待があるので、皆さんは話を聞いてくれます。我々の行動にはある方向性があり、決断され実行されています。人間の行動には、それぞれの時点におけるフィーリングが関わっています。ここが一番大事なところなのです。
質問　コスモスのタネを蒔くとタネから芽が出て、成長します。これはアハンカーラと関係ないことだと思います。人間の赤ちゃんが生まれると成長してきます、成長するエネルギーはアハンカーラとは関係ないと私は思いますが。
答　人間だろうとコスモスであろと99パーセントは、自然現象です。人間もコスモスもアハンカーラの働きと無関係なところがあります。怪我をすると、傷がふさがるとか、ばい菌が入ってきても免疫性があって防御するのもアハンカーラではなくオートマティックな機能です。ただ、厳密にいうと、個々の細胞にもアハンカーラがあるのです。アハンカーラ同士のせめぎ合いの中で病原菌を撃退することもあると思います。
質問　先生の話にシュリー・オーロヴィンドやクリシュナムルティが出てきます、その後でまた、サーンキヤ哲学が出てきますが、この方々はサーンキヤ哲学に立脚しているのですか、或いはそうではないのか、伺わせて下さい。
答　クリシュナムルティは特別の学派に属するということを非常に嫌う人です。シュリー・オーロヴィンドに関してはサーンキヤ哲学と

は言えませんが、サーンキヤ哲学のプルシャとかプラクリティとかアハンカーラとかマナスという言葉はよく使います。

説明　もう1つ大事な点を申しあげます。私どもが抱くフィーリングに対して、我々は自分で何もなし得ないということす。ある人が好きになるとか嫌いになるとか、あるいは恐怖を持つとか、心配するとか、そういうふうな気持は自然に起こるもので、あの人を愛せよと言っても、意図的に愛するわけにはゆきません。愛する気持ちは自ずから現れるのです。そういう特別の感情は自ずから湧き上がってくるものなのです。眠気を感じるような状況はつくれますけれども、眠りそのものを作り出すことはできません。食事のときに空腹感を感じ始めるわけではありません。暑いというフィーリングにしても、自然に暑いという気持が生じます。例えば、涼しい風が欲しいなと思って自分で扇子を動かす、その動かしたいという気持も自然に湧き起こるものです。インド哲学でも非常に重大視していますが、フィーリングは自分で掻き立てることはできないのです。

質問　フィーリングとエゴとかマインドは、前の図式で説明するとどの辺に入るのでしょうか？

答　その質問に応答する前に皆さんに質問したいのは、我々のあらゆる活動が自分の中のフィーリングによって決定されているのか、決定されないのか、答えていただきたい。

質問　フィーリングが決定すると思うのですが、それをもう一つ奥の心で、制御できるかどうか、そのへんのことまで考えが及んでいくのではないでしょうか。

答　怒りの行動がありますが、その怒りという情緒を制御するものもあるのではないかという、ご質問ですが、怒りを統御しようというのもまた別のフィーリングです。怒るというフィーリングが現われ、それをコントロールしたいという別のフィーリングがまた出てきて、すぐに怒りは行動化されないわけです。

説明　人間の行動は人間のフィーリングによって決定され動かされるのだと言いましたが、フィーリングにはいろいろのものがあり、いろいろの相互関係があるわけです。人間の自然な行動を決めている背景にフィーリングがあるということです。

説明　もう一つ大事な命題は、フィーリングは我々が創り出したものではない、ということです。我々の行動というものを決定するものは

我々のフィーリングです。そのフィーリングを生み出しているものは我々ではない、ということが第二の見解です。この二つの点について皆様は賛成しますか、あるいは賛成しませんか。

説明　ここで申し上げたのは、我々の行動を決定しているものが我々のフィーリングで、そのフィーリングは我々が自分で創り出したものではないということです。その結果、出てくる結論は非常にシンプルです。結論というと、我々が生きているのは我々ではない、我々の上にある何らかの力によって、我々は動かされて生きているのだという結論になるのです。

説明　意識が我々の行動を律しております。行動にはエネルギーが必要です。そういうことからインド人は、世の中はプルシャの戯れであるという結論に到達したのです。我々の上にある意識体プルシャの戯れとして、この世の動きがあるとみております。
　プルシャに随伴して動いているエネルギーをプラクリティといいます。宇宙の動きというのはこのプルシャとプラクリティのプレイ、遊戯であるとみるのです。

説明　哲学では、プルシャとプラクリティと言いますけれども、一般的にはシヴァとシャクティのことを指します。シヴァとシャクティが随伴して動いているのが宇宙の姿ですけども、普通、我々はそれを意識しておりません。どうして意識できないか、といいますと、我々は、プルシャとプラクリティのプレイのもっとずっと下のところに存在しているからです。

説明　世に中にある全ての生物の動きの中に、プルシャとプラクリティの振動があります。世の中のあらゆる出来事はシヴァとシャクティのダンスであります。あるいはラダーとクリシュナのダンスです。そのことはすぐには理解できないかもしれませんけれども、時間を掛けますとだんだんと納得ができてまいります。
　もう一つ、皆さんは決してエゴの働きを強めてはいけません。非常にシンプルなエゴの働きにとどめて、精神的な修養によって、このアハンカーラの動きを弱め、マインドの動きを鎮めること、これをサーダナといいますが、こうするとシヴァとシャクティのダンスの様子も分かってくるのです。プラクリティの少し下の段階にブッデ

ィのレベルがあります。このブッディの境涯に達した方がブッダです。

　　　ブッディのレベルはマインドを鎮めて、深い瞑想に入るならば誰でもブッディの境涯にある程度触れることができます。瞑想の中で、そのことを実感している方も多いかと思います。

説明　私アニル・ヴィジャランカールは二人の子どもの父親です。私は現在、引退したプロフェッサーです。

　　　実は、あなたは何かと聞かれた時に、その反応としてある種の脳の波動が喚起されます。それが私、となるのです。昨日、私の娘から電話がありました。「パパ如何がですか」と呼びかけられた途端に、私はパパになるのです。ですから我々は自分が何者であるかという自分性は、時と場合によって、とても変化するのです。

　　　そういうふうに四六時中あなたは何かと聞かれて、聞かれたことに反応してそれになってしまって、本当のところ自分の本性は何かということは簡単には解りません。夫であり、妻であり、学者であり、教師であり、サラリーマンであり、そういう存在で安心ができれば、それはそれで結構です。

　　　普通の社会的規範に満足している限りは、それはそれで結構ですけれども、僅かな特殊な人に限って、自分は何か、自分は一体何者なのかという点に非常に深い疑問を抱きます。

　　　本当の自分は何かということに対する答えを見つけようとす人が、ヨーガを実修する人々の中に現れることを期待します。

説明　ヨーガでは心の動きが停止したその時に本来の自分というのが現れるというのです。本当の自分というものがそこで明らかになる。これがパタンジャリの説です。

　　　ハタ・ヨーガはヨーガの一つの部分です。ヨーガというのは根本的には自分の人生の運命をはっきりさせることにあります。

　　　　ヨーガハ・チッタヴリッティ・ニローダハ
　　　　ヨーガとは個人意識の動きがゼロの状態。
　　　　タダー・ドラシュトフー・スヴァルーペー・アバスターナム
　　　　その時、観察者は本来の性質に留まる。
　　　　　この『ヨーガ・スートラ』冒頭のこの二つの命題を、ヨーガの教

師の立場で常に念頭に置いていただきたい。
　あなたはなぜヨーガをやってるのですかと聞かれたら、私は本当の自分とは何かということをはっきりさせるためにヨーガを学んでいるのです、というふうに答えて頂きたい。
質問　チッタヴリッティ＝フィーリングということでよろしいのでしょうか？
答　チッタヴリッティが生じるには、フィーリングとエネルギーが必要です。エネルギーというものとフィーリングというものの共同作業でチッタヴリッティが起こっています。二つのものの動きが起こってチッタヴリッティがつくりだされるのです。
質問　そうするとプルシャ、意識の流れはフィーリングですか。
答　はい、そうです。プルシャの流れがフィーリングです。アハンカーラはそういうプラクリティの変形したものです。
質問　このプルシャの流れを引き出すために、我々の行動、カルマが影響してくるということでしょうか？
答　チッタヴリッティのさまざまな動きによってカルマが生じます。チッタヴリッティにはアハンカーラの動きによりそれぞれの個性が形成され、独特の個性によって独特のカルマが形成されます。
　プルシャとプラクリティの遊技として、大きく眺めれば両者も二つの存在の戯れであるというふうにみられないことはない。サダムの上にもブッシュの上にも同じプルシャがあります。
質問　全部理解出来たわけではないのですが、宇宙からフィーリングがきているとすると、ヨーガで瞑想を深めていって、マインドをうまくコントロールしていけば、フィーリングが宇宙からきていることが分かってくる、というふうな理解でいいのでしょうか？
答　そうですね、瞑想していると、フィーリングが自分に由来するものではない。自分を経由して動いている、ある宇宙の力が私を通じて働いているのだということが理解できるようになります。そのことを理解するというか、自覚するために、ヨーガや瞑想がよいと思います。怒りを感じたときにも、自分の怒りというふうに矮小化しないで、これは宇宙的な怒りではないかと。怒りの感情をすぐにインドリヤを使って行動化するかどうかは別問題として、怒りという感情自体

は自然発生的なものでありますから、その本源をしっかり眺めなくてはいけません。

ですから、誰かあなたに対して怒ってる人が現れたら、その怒ってる人にあなたはすぐ反応してはいけません。誰かが怒っていたら、怒ってるのは個人ではない、個人を動かしているさらに奥にあるものが彼をして、怒らしめていると考えるべきです。

怒りという感情を仏教は非常に深く研究しました。結論として、怒りは怒りをもって鎮めてはならない、怒りに対して怒りの声を出してはいけない。怒りを静めるには怒らないことをもって鎮めていかなくてはいけない。これはブッダが非常に強調した点です。

怒りに対して怒りの行為をもってしてはいけないというのは、東洋人の一つの大きな知恵の言葉です。そのためにもヨーガの道が大事なのです。怒りの感情に対して、怒らざることをもって対処するというのがヨーガを実修する人の務めであります。

質問　すばらしいお話ありがとうございました。私は朝晩30分瞑想をやって何とか心の動きを止めようと努めているのですが、なかなかうまくいかないのです。どうしたら、心の動きを止められるのでしょうか？アドバイスがあれば頂きたいのですが。

答　最初に朝晩３０分瞑想するとおっしゃいましたね。瞑想する時と瞑想しない時を区別されているわけ。瞑想する時と瞑想していない時を区別してはいけません。旦那が怒る、すると奥さんが怒る。両方が怒り出したらヨーガの道ではないのです。旦那が怒った時点で奥さんが怒り返すというのでは駄目。怒り返さなければ本当のヨーガ人になります。自分の息子が、言うことを聞かない。言うことを聞かない時に怒るのではなくて、その時にこそヨーガを実践するのです。

　他の人が悪口言ったら、そういう人に対する反応として怒ってしまう代わりに、チッタ・ブリッティを鎮めることが必要なのです。そのように反応すれば、皆様の生活はより平和に満ちたものになるでしょう。

記録　中村　和代

2004年7月24日於西教寺　日本ヨーガ禅道友会夏期特別研修会

原典講読　般若心経

　般若心経は日本人が日常的に読誦する経典で、日本人の宗教生活面では極めて重要な地位を占めている。ところが大部分の人たちはそれが魔術的な呪文であるかのように扱っている。しかし、心経は神秘的な経典では決してない。この経典を解く鍵は幾度も出てくる三つの言葉である。まずプラジャー *prajñā* は、知るという意味の語根 *jña* からきている。ヴィデヤー *vidyā* も知るという動詞の語根 *vid* が変化したものである。ボーディ *bodhiḥ* も知るという意味の語根 *budh* に由来している。

　このように知ることを重視しているのを見ると、この経典があくまで情緒ではなく理性に訴えようとしていることは明らかである。そこに信心だけでなく知識と理解を求める宗教としての仏教の特色が認められる。

　この経典は、仏陀から弟子のシャーリプトラへの呼びかけという形式で、感覚と心と個人意識の次元を超越した覚者の体験を簡明に叙述している。仏陀によれば、人間の在り方を支える五つの構成要素（五蘊）がある。まず最初に、人や物を区別しているルーパ *rūpa* 形態（質感含む）の層がある。第二は、ヴェーダナ *vedanā* の段階で、それら形態を知覚し、心がそれに気づく段階である。第三がサンジャー *saṃjñā* で、気づいた形態に名前が付けられ、概念を構成され、思考が始まる段階である。この段階からいろいろな人や物にたいする愛着や反発が始まる。もし我々が考えたり人や物に愛着心や反発心を起こしたりしなければ、平和で自由な生活ができる筈なのだが、人間にはそれができない。我々は如何にして欲しい物を手に入れるか、如何にしてあの人と親密になれるか、どうすれば嫌いな人や物が避けられるかなどと考え続け、行動が繰り返されるうちに、第四に深い経験的印象サンスカーラ *saṃskāra* が心に刻みつけられる。年月が経つうち刻印の溝は深まり累積して次の世までも持ち越されていく。こうした刻印が全体としてまとまって五番目にヴィジャーナム *vijñānam* それぞれの個人意識が形成される。

　インド哲学では、感覚器官と心は連動するものとされる。視覚、聴覚、味覚、触覚の体験は、心が感覚器官と連携して働いて初めて起こる。感覚器官と心が全

く鎮まれば、我々はシュンニャタ *sunyata* 空の状態を体験する。心経はこのことを極めて明快に記述している。

　我々の日々の生活は複雑に入り組み、さまざまな力によって支配されている。我々が意識するのはそうした影響力のごく一部に過ぎない。我々の生活が如何なる次元から構成されているかを理解するために、次の図形を見てみよう。

A.　　大宇宙の次元
B.　　地球的な次元
C.　　個人的社会の次元
D.　　個人的な内的次元
E.　　空の次元

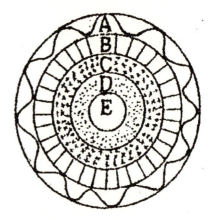

　この図形で一番外側の円Aはコスモス、大宇宙の次元を示している。この領域のことは、主として科学者、哲学者が真剣な考慮をめぐらせる。しかし、宇宙線を含めこの領域に発する力で人間の生活に深い影響を与えているものが多種多様にわたることが最近ますます明らかになりつつある。二番目の円Bは人間生活の地球的規模の次元、つまり我々が新聞やテレビで見聞きする世界のさまざまな国における政治、経済、教育、文化といった次元を示す。これは広大な規模で展開している具体的世界であり、それぞれの国の生活全般に影響を与える形で大きくかかわっている。我々はこの領域(生活次元)に関心を抱いてはいるが、若干距離を置いて眺めている。　三番目の円Cは、家族、会社、工場、宗教団体、政党、スポーツ同好会、業界団体、友人関係など個人的な社会生活の次元を示している。ここは我々が常日頃関わっている生活次元である。この円に含まれる人々のためにこそ我々は日々働き、交際しあっているわけで、この次

元の動きが我々の生活に非常な大きな影響を及ぼしている。

　これらA, B, Cの次元は共通情報の次元であり、これら次元の情報については誰もが共通の観点から議論や分析に参加する可能性を持っている。しかし、四番目の円Dの次元は特定個人の本人だけが知り得る領域で、夫や妻、親友といえども容易にはうかがい知ることができない。自分一人だけでいる独自の情緒と思考の世界である。ここは我々が常時共にある次元で夢の中にまで入り込んでいる。この世界から我々は逃れようがない。この内面的精神世界は程度の差こそあれ常に揺れ動いている。静かな時がない。この次元には絶えず言葉やイメージや思念が湧きだしている。そして我々はその思念や情感というものに四六時中影響されている。政治、経済、社会、宗教、家庭などさまざまな局面の人間生活は特定個人の内面世界に左右されている。

　偉大な哲学者といっても結局は一人一人の男性、女性の内部にある思念する心の次元に赴くに過ぎない。しかし、人間性を形作るものがA, B, C, Dという次元だけで尽くされているとしたら、人間は永遠に落ち着きのない生活を送ることになってしまうだろう。なぜなら心は自分では統制のきかない力によって支配されているからである。そこで次のような質問が提起される。　心の次元よりさらに深いところにまだ何か存在するのであろうか。

　般若心経が言わんとする所は、心の次元よりもさらに深い領域が存在するということである。図の五番目の円Eはその領域を示している。そこは心が全く動くことのない領域である。イメージも言葉も思念も退場しているので、その状態では如何なる世界も知覚されない。そこには我々の知っている世界が何もない。そこはシュンニャタ・空の境涯と呼ばれる。その次元が世界で認知する一切のもの、一切のルーパ（形態）、それに付随する知覚、概念化、集合的印象、個人意識などすべての源泉である。そこで心経は明らかに告げる。色即是空、空即是色。「形態は空であり、空が形態なのだ。我々の存在の源泉たるその空を悟ることこそが、この世における我々の生活の究極の目的なのである」と。

　絶対的内的静寂の境涯に即座に達するわけには行かない。その為には絶えざる努力が必要である。

ガテー　ガテー　パーラーガテー　パーラサンガテー　ボーデヒスワーハー
そこで、この神呪は次のように理解することが出来るであろう。
ガテー＝（空の境涯の縁に）一旦は行き、（またこの世に帰って来た。）
ガテー＝そこに再び行き、（また戻って来た。）
パーラガテー＝この世を超越した彼岸に行き、（再び戻って来た。）
パーラサンガテー＝そしてとうとう超越的な彼岸の境涯に安住した。
ボーデヒ＝覚者になった。スワーハー＝これこそ真実最善の言葉。

　この経典の仏陀の教えに従えば、人間の人格を構成するこれら因子（五蘊）の基本的な移ろいやすさを洞察し、それを乗り越えて行ければ、絶対的な平和と自由の状態、つまり涅槃の境地に到達することが可能になる。

　しかし、ここで付言しておくべきは、心経が伝えようとしている核心部分は言語レベルでは決して理解できないということである。その為に我々は深い瞑想状態に入り、心と脳の完全なる沈黙を体験しなければならない。

　（日本で、著者が最も力を注いだのは、サンスクリット講義である。初心者用の入門書、サンスクリット梵英和辞典の編纂から始まったが、それが一段落する頃から、サンスクリット原典講読が開始された。まず取り上げられたのが、般若心経である。日本人の大部分が仏教徒であることが考慮された。その次がバガヴァッド・ギーターで、これは全文ではなく、その中の精髄詩句百選が編纂され、最終段階で更に詩句 50 が追加され、『ギーター・サール』(ギーター精髄)として東方出版からが 2007 年刊行された。パタンジャリの『ヨーガ・スートラ』の講義も数度にわたったが、その成果も東方出版から 2014 年刊行された。他に取り上げられた原典は、サンスクリット版『ダンマパダ』ならびに『ヴェーダ・マントラ』である。この両者はまだ完結していない。）

般若心経 प्रज्ञा-पारमिता-हृदय-सूत्रम्

原典和訳　「漢訳」併記

1.

अथ प्रज्ञा- पारमिता- हृदय- सूत्रम्　ओम्　नमः　सर्वज्ञाय।

atha prajñā pāramitā hṛdaya sūtram　om　namaḥ　sarvajñāya

般若波羅蜜多心経の始まり　　　一切知者に敬礼

「摩訶般若波羅密多心経」

2.

आर्यावलोकितेश्वर-बोधिसत्त्वो गम्भीरायां प्रज्ञा-पारमितायां चर्यां चरमाणो

āryāvalokiteśvara bodhisattvo gambhīrāyāṃ prajñā pāramitāyāṃ caryāṃ caramāṇo

व्यवलोकयति स्म-पञ्च　स्कन्धाः। तांश्च स्वभाव-शून्यान् पश्यति स्म।

vyavalokayati sma pañca skandhāḥ　tāṃśca svabhāva śūnyān paśyati sma

尊き観自在菩薩は、深遠なる超越的英知の境地において、修行を為している際に、明確に観察されました。（人間を構成する）五つの因子（五蘊）、これらが本来的に、永続的性質がないということを観察されたのです。

आर्यावलोकितेश्वर 聖なる観自在、बोधिसत्त्वो 菩薩、गम्भीरायां प्रज्ञापारमितायां 深遠なる超越的英知の境地において、これは仏陀がこの経文の真髄をシャーリプトラに説いた時の仏陀の内的境涯を叙述している。　चर्यां 修行を、चरमाणः चर् の現在分詞、*aḥ*+有気音は *o* となる-、為しつつあるときに、*car* चर् は普通P、ここでは *ātmnepada* での現在能動分詞 Nom、व्यवलोकयति ＞ व्यवलोक् 見極める の使役活用、明確に観察する、　पञ्च स्कन्धाः 五蘊[色受想行識]、तांश्च(तान्+च) स्वभाव- शून्यान् (तान् それら→五蘊) 五蘊は空である。

漢訳の「度一切苦厄」に照応する表現は原文にはない。
「観自在菩薩、行深般若波羅密多時、照見五蘊皆空、度一切苦厄」

3.
इह शारिपुत्र, रूपं शून्यता, शून्यतैव रूपम्। रूपान् न पृथक् शून्यता,
iha śāriputra rūpaṃ śūnyatā śūnyataiva rūpam rūpān na pṛthak śūnyatā
शून्यताया न पृथग् रूपम्।यद् रूपं सा शून्यता, या शून्यता तद् रूपम्।
śūnyatāyā na pṛthag rūpam yad rūpaṃ sā śūnyatā yā śūnyatā tad rūpam
एवम् एव वेदना-संज्ञा-संस्कार-विज्ञानानि।
evam eva vedanā saṃjñā saṃskār vijñānāni

シャーリプトラよ、形態は空で、空は形態である。形態は空と異ならず、空は形態と異ならない。形態あれば空で、空なら形態が現れる。同じことは知覚作用、言語化、体験的印象、個人意識についても言える。

इह ここで、रूपं 形態；शून्यता 空、पृथक् 異なる；एवम् एव 全くこれと同じで、；वेदना 感覚器官による知覚、संज्ञा 事物に名を付しての思考、संस्कार ある体験の印象、विज्ञानं 経験に基づく個別意識；वेदना - संज्ञा- संस्कार- विज्ञानानि は *dvandva*

「舎利子、色即是空、空即是色、色不異空、空不異色、受想行識、亦復如是」

4.
इह शारिपुत्र, सर्वधर्माः शून्यता-लक्षणाः, अनुत्पन्ना, अनिरुद्धा, अमला न
iha śāriputra sarvadharmāḥ śūnyatā lakṣaṇāḥ anutpannāḥ aniruddhā amalā na
विमला, नोना न परिपूर्णाः।
vimalā nonā na paripūrṇāḥ

シャーリプトラよ、この世の全てのダルマに、空という性質がある。それは生み出されるものでなく、不滅で、無垢にして、透明で、遍満してはいない。

शून्यता-लक्षणाः 空という本性がある、अनुत्पन्ना 生まれることなき、अनिरुद्धा 抑えられない、अमला 汚されていない、विमला 透き通った、नोना =न+ऊना（欠けたところがある）、 परिपूर्णाः 満ち溢れた

「舎利子、是諸法空相、不生不滅、不垢不浄、不増不減」

5.
तस्मात् शारिपुत्र, शून्यतायां न रूपं, न वेदना, न
tasmāt śāriputra śūnyatāyāṃ na rūpaṃ na vedanā na

संज्ञा, न संस्कारा, न विज्ञानम्। न चक्षुः- श्रोत्र- घ्राण- जिह्वा- काय- मनांसि।

saṃjñā na saṃskāra, na vijñānam na cakṣuḥ śrotra ghrāṇa jihvā kāya manāṃsi

न रूप-शब्द-गन्ध-रस-स्प्रष्टव्य-धर्माः। न चक्षुर्धातुः यावन् न मनोविज्ञानधातुः।

na rūpa śabda gandha rasa spraṣtvyadharmāḥ na cakṣurdhātuḥ yāvan na mano vijñāna dhātuḥ

従ってシャーリプトラよ、空には形態も知覚も言語化もない、累積の印象も個人意識もない。空には、目も耳も鼻も舌も皮膚も心もない。視覚も聴覚も、嗅覚も味覚も触覚もない。超越的状態では、心（意識）が働かないので、目も機能しない。

तस्मात्そこで、चक्षुः視覚、眼、श्रोत्रं 聴覚、घ्राण 嗅覚、鼻、जिह्वा 味覚、舌、कायः 身体、ここでは皮膚又は触覚の意、このचक्षुःश्रोत्रघ्राणजिह्वाकायमनांसिという文字列にdvandva複合語がある。रूपं視覚の対象、形、शब्दः聴覚の対象、音、गन्धः嗅覚の対象、匂い、रसः味覚の対象、味、स्प्रष्टव्यधर्मः接触の性質、接触の対象、この文字列रूपशब्दगन्धरसस्प्ष्ट्व्यधर्माःもdvandva複合語がある。नचक्षुर्धातुः यावन् न मनोधातुः意識（心の器官）がないので、視覚もない（いかなる感覚器官も心と結びついて始めて活動的になる）。यावत्+न＝यावन् न, (मनस्+धातुः＝मनोधातुः)、धातुः基本的要素、感覚器官の意味もある。

「是故空中、無色無受想行識、無眼耳鼻舌身意無色声香味触法、無眼界乃至無意識界」

6.
न विद्या, नाविद्या, न विद्या- क्षयो, नाविद्या-क्षयो, यावन् न जरा- मरणं,
na vidyā nāvidyā na vidyā kṣayo nāvidyā kṣayo yāvan na jarā maraṇaṃ

न जरा- मरण- क्षयो, न दुःख- समुदय- निरोध- मार्गा, न ज्ञानं न प्राप्तित्वम्।
na jarā maraṇa kṣayo na duḥkha samudaya nirodha mārgā na jñānaṃ na prāptitvam

知識も無知もない。知識の破壊、無知の破壊もない。老いも死もなく、老いと死の消滅もない。苦集滅道（四諦）もない、妙智もなければ、証得もない。

विद्या 知識、अविद्या 無知、न+अविद्या = नाविद्या、क्षय 喪失、破壊、जरामरणं 老年と死、これも dvandva、दुःख-समुदय-निरोध-मार्गाः 苦集滅道＝四諦、ज्ञानं 妙智　प्राप्तित्वम्- 獲得、利得　＊प्राप्ति+त्व（この単語が prāaptiḥ 又は aprāptitvena とするテキストもある）。

「無無明、亦無無明盡、乃至無老死、亦無老死盡、無苦集滅道、無知亦無得、以無所得故」

7.
बोधिसत्त्वस्य प्रज्ञा-पारमिताम् आश्रित्य विहरति अचित्तावरणः ।
चित्तावरण-
bodhisattvasya prajñā pāramitām āśṛtya viharati acittāvaraṇaḥ　cittāvaraṇa
नास्तित्वाद्, अत्रस्तो विपर्यासातिक्रान्तो निष्ठ- निर्वाणः ॥
nāstitvād　atrasto　viparyāsātikrānto　niṣṭha　nirvāṇaḥ

菩薩の超越的英知に安住した人は、心を覆うベールを捨て去り、この世を渡る。心にベールがないので、何物にも心を煩わされず、迷妄を克服して、涅槃の境地に安住する。

आश्रित्य (आ+श्र+य) 自分自身を確立させて、安住して、विहरति-この世を過ごす（自動詞）、अचित्तावरणः 心に何の覆いも曇りもない（形容詞・主格補語、榊亮三郎解説『梵語学』永田文昌堂 S45年 p 273 参照）、*bahu*、(अ+चित्त+आवरण)，चित्तं 心、आवरणं 覆い；नास्तित्वात् 存在しないが故に、न+अस्ति+त्व)、अत्रस्तः 恐れのない、त्रस्त 恐れ、विपर्यासातिक्रान्तः 一切の錯誤を乗越えた、विपर्यासः 迷妄、अतिक्रान्त (अति+क्रम+त) 越えて行った、渡っていった、निष्ठनिर्वाणः 涅槃に安住した、निष्ठ ＞ नि+स्था 安住した、*bahu*。

「菩提薩埵、依般若波羅密多故、心無罣礙、無罣礙故、無有恐怖、遠離一切顛倒夢想、究竟涅槃、」

8.

व्यध्व- व्यवस्थिताः सर्व- बुद्धाः, प्रज्ञा- पारमिताम् आश्रित्य अनुत्तरां
tryadhva vyavasthitāḥ sarva buddhāḥ prajñā pāramitām āśṛtya anuttarāṃ
सम्यक् संबोधिम् अभिसंबुद्धाः।
samyak sambodhim abhisambuddhāḥ

諸仏は三世において安住し、全てに通暁し、超越的英知の境涯に安住して、はっきりと目覚め、究極の悟りの境地にある。

व्यध्वव्यवस्थिताः 三世において安住している、त्रि+अध्वन् (*m.*, 道、所 अध्व अध्वनी अध्वानि)，वि+अव+स्था+त = व्यवस्थित,

安住している *bahu.*、आश्रित्य 自己を確立し(7節参照)、अनुत्तरां より高いものがない、सम्यक् 正しい、सम्बोधिः 遍満する英知、悟り、 अभिसम्बुद्धाः よく目覚めた、

「三世諸佛、依般若波羅密多故、得阿耨多羅三藐三菩提、」

9.

तस्माज्ज्ञातव्यः प्रज्ञा- पारमिता- महामन्त्रः, महाविद्या-
tasmājjñātavyaḥ prajñā pāramitā mahāmantraḥ mahāvidyā
मन्त्रः, अनुत्तर- मन्त्रः, असम- सम- मन्त्रः, सर्वदुःख- प्रशमनः, सत्यम्
mantraḥ anuttara mantraḥ asama sama mantraḥ sarvaduḥkha praśamanaḥ satyam
अमिथ्यत्वात्, प्रज्ञपारमितायाम् उक्तो मन्त्रः। तद् यथा-
amithyatvāt prajñāpāramitāyām ukto mantraḥ tad yathā

ここで知るべきは、超越的英知の偉大な神呪、大知識の呪文、究極の神呪、比類なき呪文、一切の苦を除去するもの、真実にして虚偽のない超越的英知の次元において語られた呪文。それがこれである。

ज्ञातव्य 知られるべきである、महामंत्रः 偉大なマントラ、महाविद्यामंत्रः 偉大な知識のマントラ、अनुत्तरमंत्रः 最高のマントラ、उत्तर より高い、よりよい、(उत्तम 最高の)、अनुत्तर より高いものがない、असम 無比の、不二の、सम 直接の、容易な、同等の、सर्वदुःख प्रशमनः 全ての苦を除去する、मिथ्यात्वं 虚偽→ अमिथ्यत्वात् そこには何の嘘偽もないので、उक्तः (वच्+त.) 言明された、発言された、तद् यथा それは（マントラは）このようなものである。

「故知般若波羅密多、是大神呪是大明呪、是無上呪、是無等等呪、能除一切苦、真実不虚、故説般若波羅密多、呪即説呪曰」

10.
गते गते पारगते पारसङ्गते बोधिः स्वाहा ।
gate gate pāragate pārasaṃgate bodhiḥ svāhā
इति प्रज्ञा-पारमिता-हृदय-सूत्रं समाप्तम् ।
iti prajñā pāramitā hṛdaya-sutram samāptam

（精神的探求の道に）赴いた。（しかし、彼岸には到達しえなかったので）何度も何度もその道へ行こうと試みた、そしてやっと現世を越えて彼岸まで辿り着けたと思った。（しかし、またまた舞い戻ることになった。）そこで、更に修行を続け、遂に超越的境地に安住できるようになった。それは実に完全な悟りの境地である。これぞ実にまことの言葉である。
ここで般若心経は終わる。

　この真言 गते, गते, पारगते, पारसङ्गते という言葉は全て locative absolute 絶対依格である。各語の後に सति という語があると解せられる。そこで全体的には गते सति, गते सति, पारगते सति, पारसङ्गते सति という具合に読めるわけである。ただ、सति という語はしばしば省略される。गते（精神的探求の道に）行った、（しかし、彼岸には到達できず、）गते-（同じ道に）再び行った、（そして幾度も同じ試みをしたあげく）पारगते（この現実世界を越えた彼岸まで）行き着いた、（しかし、そこに長い間留まることが出来ずに、戻ってきて）さらに精神的探究の道を歩み続け、（そして遂に）पारसङ्गते 彼岸の超越的状態に合一し、そこで बोधिः 悟りつまり覚醒を達成した。स्वाहा（不変化辞）これは本当によい真実言葉である。इति かくして、समाप्तम् 終った、समाप्तिः 終り、完成

「即説呪曰羯諦羯諦、波羅羯諦、波羅僧羯諦、菩提娑婆訶、般若心経。」

補遺説明

注：この神呪は日本で流布されているマントラの中でも最も重要なものであって、精神的求道の本質と人間救済の究極の方法を理解する鍵がその中に示されていることから、特別な注意を払わなければならない。

gate (गते) は動詞語根 *gam* गम् の過去分詞の依格単数である。サンスクリットにはある行為の条件を示す（絶対依格）という依格の特別用法がある。（参照パニーニ 2.3.37）名詞、代名詞、形容詞、または分詞の依格の後に अस् (*san* सन्) が同じ格と数で使われる。しかし、多くの場合省略される。ここでは マントラを短くするため、*gate, gate, pāragate, pārsaṅgate* の後に *sati* सति (सन् の依格単数) が省かれたと考えるのが自然である。

そこでマントラの最初の部分は、「行った時に」という意味になる。これはマックス・ミュラーの訳と同じである。心経の中で、しばしば、言及されている「感覚や心が作ったこの通常の世界を越えた境涯に行った時に、」を意味する。とはいえ、一回の試みでは何人といえども超越的境地に到達することは通常できない。そこへ向かって幾度か努力を繰り返さなくてはならない。この努力の繰り返しを示すために、*gate* という語は *gate gate* (गते गते) と、繰り返されている。

もし人が精神的努力を続けるなら、何時の日にか超越的状態を垣間見ることが出来て、暫くはそこに留まれるようになる。この状態が *pāragate* (पारगते 彼岸に行った時) と言う語で示されている。しかし、彼岸に一度だけ行くだけでは不十分である。精神的求道者はその状態から、しばしば日々の世俗的生活に戻ってしまう。そこで再びこの努力を継続しなければならない。

そのような継続的努力の後、求道者は *prajñāpāramitā* の超越的状態に最終的に安住する。この状態が *parasaṅgate* (पारसङ्गते 彼岸に安住した時) と言う語で示されている。これは超越的な境地に安住した時と言う意味である。

prajñāpāramitā の超越的状態によく安住した時に、人間は *bodhi* (बोधि—覚醒) を達成する。*bodhi* (बोधि) の後に *visarga* のマークが欠落していると考えられる。*bodhi* (बोधि) というのはサンスクリット文法に従えば文法上 *pada* ではないので、文章中には使用できないので、このマントラの読誦にあたって、*bodhi* (बोधि) の後に *visarga* サインを付加することにした。

般若心経原典　　　प्रज्ञा-पारमिता-हृदय-सूत्रम्

अथ प्रज्ञा-पारमिता-हृदय- सूत्रम् ओम् नमः सर्वज्ञाय।
atha prajñā pāramitā hṛdaya sūtram   om namaḥ sarvajñāya

आर्यावलोकितेश्वर- बोधिसत्त्वो गम्भीरायां प्रज्ञा- पारमितायां चर्यां चरमाणो
āryāvalokiteśvara   bodhisattvo gambhīrāyāṃ prajñā pāramitāyāṃ caryāṃ caramāṇo

व्यवलोकयति स्म-पञ्च स्कन्धाः। तांश्च स्वभाव-शून्यान् पश्यति स्म।
vyavalokayati sma pañca skandhāḥ tāṃśca svabhāva śūnyān paśyati sma

इह शारिपुत्र रूपं शून्यता शून्यतैव रूपम्। रूपान् न पृथक् शून्यता,
iha śāriputra rūpaṃ śūnyatā śūnyataiva rūpaṃ rūpān na pṛthak śūnyatā

शून्यताया न पृथग् रूपम्। यद् रूपं सा शून्यता या शून्यता तद् रूपम्।
śūnyatāyā na pṛthag rūpam yad rūpaṃ sā śūnyatā yā śūnyatā tad rūpam

एवम् एव वेदना-संज्ञा-संस्कार-विज्ञानानि।
evam eva vedanā saṃjñā saṃskār vijñānāni

इह शारिपुत्र सर्वधर्माः शून्यता-लक्षणाः अनुत्पन्ना अनिरुद्धा अमला न विमला नोना न परिपूर्णाः।
iha śāriputra sarvadharmāḥ śūnyatā lakṣaṇāḥ anutpannā aniruddhā amalā na vimalā nonā na paripūrṇāḥ

तस्मात् शारिपुत्र शून्यतायां न रूपं न वेदना न संज्ञा न संस्कारा न विज्ञानम्।
tasmāt śāriputra śūnyatāyāṃ na rūpaṃ na vedanā na saṃjñā na saṃskārā na vijñānam

न चक्षुः- श्रोत्र- घ्राण- जिह्वा-काय-मनांसी।
na cakṣuḥ śrotra ghrāṇa jihvā kāya manāṃsi

न रूप- शब्द- गन्ध- रस- स्प्रष्टव्य-धर्माः। न चक्षुर्धातुः यावन् न मनो विज्ञानधातुः।
na rūpa śabda gandha rasa spraṣṭvya dharmāḥ na cakṣurdhātuḥ yāvan na manovijñāna dhātuḥ

न विद्या नाविद्या न विद्या-क्षयो नाविद्या-क्षयो यावन् न जरा-मरणं,
na vidyā nāvidyā na vidyā kṣayo nāvidyā kṣayo yāvan na jarā maraṇaṃ

न जरा- मरण-क्षयो न दुःख- समुदय- निरोध- मार्गा न ज्ञानं न प्राप्तित्वम्।
na jarā maraṇa kṣayo na duḥkha samudaya nirodha mārgā na jñānaṃ na prāptitvam

बोधिसत्त्वस्य प्रज्ञा-पारमिताम् आश्रित्य विहरति अचित्तावरणः।
bodhisattvasya prajñā pāramitām āśṛtya viharati acittāvaraṇaḥ

चित्तावरण- नास्तित्वाद् अत्रस्तो विपर्यासातिक्रान्तो निष्ठ- निर्वाणः।
cittāvaraṇa nāstitvād atrasto viparyāsātikrānto niṣṭha nirvāṇaḥ

व्यध्व- व्यवस्थिताः सर्व-बुद्धाः प्रज्ञा- पारमिताम् आश्रित्य अनुत्तरां सम्यक् संबोधिम् अभिसंबुद्धाः।
tryadhva vyavasthitāḥ sarva buddhāḥ prajñā pāramitām āśṛtya anuttarāṃ samyak sambodhim abhisambuddhāḥ

तस्मात् ज्ञातव्यः प्रज्ञा- पारमिता- महामन्त्रः महाविद्या- मन्त्रः अनुत्तर- मन्त्रः असम- सम- मन्त्रः
tasmāt jñātavyaḥ prajñā pāramitā mahāmantraḥ mahāvidyā mantraḥ anuttara mantraḥ asama sama mantraḥ

सर्वदुःख- प्रशमनः सत्यम् अमिथ्यत्वात् प्रज्ञपारमितायाम् उक्तो मन्त्रः। तद् यथा-
sarvaduḥkha praśamanaḥ satyam amithyatvāt prajñāpāramitāyāṃ ukto mantraḥ tad yathā

गते गते पारगते पारसङ्गते बोधिः स्वाहा।
gate gate pāragate pārasaṃgate bodhiḥ svāhā

इति प्रज्ञा-पारमिता-हृदय-सूत्रं समाप्तम्।
iti prajñā pāramitā hṛdaya-sutram samāptam

注：当論考作成に当たって使用したサンスクリット原文テキスト
Prajñāpramitā-hṛdya-sūtram in the Mahāyāna-Sūtra-Saṅgrahaḥ, ed. by Dr. P. L. Vaidya and published by The Mithila Institute, Darbhanga, India, 1961

言語論講義 1. 人間と言語

1．人の生活は言語に囲まれています。

　世界についてのほとんどの知識を、私たちは言語によって得てきました。意志を伝えることも、考えることも、計画することも言語でします。問題に気づくことも言語によりますし、その問題の解決策を見つける時も言語によって考えます。朝から晩まで、内も外も言葉によって囲まれています。私たちの文明は言葉に基づいています。また、人生の発展は、言葉をより多く使う方向にあるように思えます。文明が発展すればするほど、より多くの言葉を使用します。言語のない人生を想像するのは困難です。

2．　言語は、自分の考えや感情を表現するため、人間によって発明されて使われる道具であると思われています。

　この定義を私たちは学校で学びます。それは人生の全体にわたって残ります。この定義は、かつて人間は言語を持たずに地球上に住んでいたのですが、言語の必要性を考えてそれを発明したと仮定されるからです。しかし、道具を発明した人は、常に道具からは独立して自由な存在です。しかし、道具と考えている言語と人間とはいつも一緒に絡み合っていて離れていません。言語のない人間を想像することはできません。また、いつでも、言語を使っていない私たちを想像することもできません。人間は言語から離れた存在ではなく、同じように、言語は人間と離れた存在ではありません。

3．道具というのは、必要になった時に、ある目的に使用し、要らなくなったら片付けるものです。しかし、脳に湧き起る言語を片付けることはできません。

道具は、ある目的のために発明し、目的を達成したら片付けるものです。そして、ある道具が役立たなくなると、今までよりももっとよい道具を発明することができます。しかし、言語はこのように扱うことはできません。話したくなかったり、考えたくない時に、脳から発生する言語を片付けることはできません。さらに、現在の言語が役立ないからといって、さらに良くすることはできません。言葉の意味は、言語の伝統に基づいているので、それを変更することはできません。愛、甘い、美徳、罪、宗教、神というような言葉は、同じように使っても人によって異なる意味を持ちますし、同じ人が使っても別の瞬間には異なった意味を持っています。私たちの存在の核心である内的な人生に関わる言葉の意味を確定することは絶対に不可能です。

4．言語は「もの」ではなく「プロセス（過程）」です。

　「もの」というのはある一定の時間、不変である実体です。1個の石や鉄は、「もの」と見なす事ができるでしょう。（現代科学では、これらも無数のエネルギー粒子を含め「事柄－events」の組み合わせですが）。一方、プロセス（過程）は、刻々と連続的に変化しています。山は「もの」と言えるかもしれませんが、川はプロセス（過程）です。言語は静止したままではありません。印刷された言語は、言語ではありません。それらは人間の脳によってある音を作成する手段だけです。生きている言語は、いつも、それを話す男性や女性の脳の中で泡立っているのであって、外に存在している訳ではありません。

5．言語は、プロセスとして意志でなされることではなく自然に起こることです。

　出来事（happening）とは、人がコントロールしえないプロセス（過程）です。星の輝き、降雨、私たちの心臓の鼓動などがそうです。行為（doing）は、意図的に行われたもので、人がコントロール可能

です。したがって、料理したり食べたりすることは行為（doing）です。一方、食物が消化されることは出来事（happening）です。人は、彼の脳の中の言語の生成を止めることができません。明らかに、言語は行為（doing）ではなくて、出来事（happening）です。私たちは、会話の話題を変えることができますが、そのプロセス（過程）は、その後、自律的です。思考では、通常、考えの主題を変更することができません。

　思考過程は、（事実として）それ自身で起こっているからです。

６．言語の源泉は人間を超えたものです。

　人が脳の中の言葉の発生を止められなければ、言語の源泉は、人間を超えたものであることは明白です。古代のインド人は、人間を超えたある力を仮定しました。それは人の言語と思考のすべての形として顕現しています。その力を、*ヴァーク・*वाक् と名付けました。新生児は言語を持っていません。しかし、言語は、短期間に発声器官から現われ始めます。言語や単語や文章が何であるかが分かる前に、話し始めます。質問の意味が分からないまま、質問しだします。ある特定な目的のために彼が言葉を選ぶことが出来ないまま、自分の感情を表現します。もしあなたが、単純な音のパ、バとかマを発音して下さいと依頼されれば、簡単に発音することは可能でしょう。しかし、その仕組みを説明することはできないでしょう。バを発音するために、声帯をどのように振動させなければならないか知っていましたか。知っていたとしても、振動させるために何を行いますか。しかし、声帯は、スピーチの間に一日に何千回も振動します。明らかに、言語には私たちを超えたある力が現れているのです。

７．人は、既に話したか、あるいは、思考の形で脳の中で発生した言葉にただ気づいているだけです。

　人は決して言葉のない状態ではいられません。言葉は、いつも脳の中に湧いています。言葉に気をつけて、選んでから陳述をする限

られた場合を除いて、前もって言葉を決めておくことはありません。起こることは、ある感情（feeling）が人の中で生まれ、その感情（feeling）が言葉を導いてゆきます。人は自分が話していると思っていますが、実際に起きていることは、ある神秘的な力が発声器官を活性化させ、私たちはただ単に外へ音声となって出てきた言葉に気づくだけです。人は話したいという欲求に気づいているだけで、実際の話すプロセスは、人を超えたある力によってコントロールされています。同じ事は、思考にも当てはまります。ほんの少し自分の内側を見ることによって、私たちは、思考の結果の言葉に気づいているだけなのだとはっきり認識できます。しかしながら、この自律的なプロセスを、われわれは自分の思考と呼んでいます。私たちはスピーチや思考の際に、次にどんな言葉が出てくるのか決して知ることはできません。ただ、私たちの中の感情（feeling）に気づいているだけです。その感情（feeling）こそが、実際のスピーカーであり、思考者です。

8．言語は、文字通り人を作ります。

　ある人の言葉は、スピーチでも思考でも、その人そのものです。人の世界は、その人の言葉に制約されます。ある人の世界は、その人が考えたり、話したり出来る範囲に限られます。ヴィットゲンシュタインは、次のように言っています。「私の言語の限界が、私の世界の範囲です。」これは文字通り真実です。その人の言語の範囲を越えた世界は、その人にはありません。また、その人の言語の枠組みに適合しない世界を想像することはできません。このように、人はみな言語により条件付けられ制約されているのです。

9．人が言語を使うのではなく、言語が人を使っているのです。

　人が心の中に生成する言語を止められなければ、明らかに、彼は人間を超えた、ある力によってコントロールされていることが分かります。あるエネルギーの流れが宇宙で起こっているように思えま

す。その流れが人の脳の中で振動する時、言語が発生します。人は
ただ、既に彼の口を出た、あるいは脳の中で考えられた言葉に気づ
くだけです。このように、人は、そのエネルギーの現れの一つの地
点に過ぎません。言葉を話したり考えたりするのは独立した行為者
の自分である、と思わせるのは彼のエゴの仕業です。人は、常に脳
の中に言葉が湧くのに気づいています。誰かに「あなた誰ですか?」
と尋ねられれば、自分のアイデンティティを述べるために言葉に頼
るでしょう。例えば、自分は、医者ですとか、弁護士ですとか、専
門家ですとか、学生ですとか、主婦ですとか、父親ですとか、母親
ですとか。言葉がなくては、人は自分が誰か知ることは出来ません。
脳の中に言葉がない時、人は普段知りうる自分として存在しません。

10. 言語は、心と身体の複合体である人の中で進んでいる他のプロセスと共に起こる一つの連続的なプロセスです。

　人が一生のうちにすることは、感情（feeling）とエネルギーの相
互作用です。これらの 2 つの要素が人の意識的な人生においてすべ
てを決定します。進化の初期段階で、動物の場合は、エネルギーの
流れは身体、主に手や足（脚）に向かいます。あるエネルギーは、
当然口へ行きます。基本的に味覚の道具である舌は、音の生成に協
力する動作を行ない始めます。従って、エネルギーの流れは、手と
足（脚）から、言葉を発生させる舌（口）まで徐々に転換されてゆ
きます。後に、エネルギーの総量は、制限されはじめて、言葉の形
にまでならずに、しばしば脳の中で振動するだけになります。これ
が思考です。注意しなければならないのは、それが肉体的な四肢や
舌や脳の振動といった動きに現われる意識的なプロセスであるとい
うことです。エネルギーのすべての運動は、人の内面のチッタ（चित्त）
の感情（feeling）の性質および強度によって導かれます。激しい怒
りをぶつける時、人は手で暴力を振るいます。怒りが弱ければ、嫌
いな相手に対して口で叫ぶかもしれません。怒りが更に弱ければ、
その怒りの対象を考えたままかもしれません。もちろん、社会生活

の様式も怒りの表現を制約します。

１１. 発声器官や脳の中で言葉になるエネルギーの通路は、言語と呼ばれます。

　言語は人によって発明された独立したものではありません。それは破壊し得ない連続した出来事(happening)の不可分な部分です。人自身も、宇宙のこれらの出来事（happening）のひとつから生まれました。言語は、他の人々とコミュニケーションをし、社会生活を作り、さらに知的追求を行う媒体なので、当然、私たちの意識の中で非常に重要な場所を占めています。しかし、これは、人の意識の発展段階のレベルを明確に示しているだけです。進化により到達した段階とは、人のチッタ（चित्त）のエネルギーが発声器官を通過して出てくること、或いは、脳内の言語エリアで振動するようになった段階のことです。私たちは、言語のプロセスから全く離れることにより、初めて言語の真実を知ることができます。それを試みてみると、その過程を通じて全人格が変わらなくては不可能であることが分かります。

12. 発生器官を動かすエネルギーは、言葉を生成します。そのエネルギーを方向付ける感情（feeling）が、言葉の意味を表わします。

　言葉はエネルギーによって生成されます。しかし、正確には、どの言葉が話されるのか、書かれるのか、あるいは、思考の形で現れるのかは、それらの言葉が生成されたその時に、その人の内部のチッタ（चित्त）の感情（feeling）によって決定されます。人が考えている時、思考過程で言葉の意味を知ろうとは気にかけていません。なぜなら、感情（feeling）とエネルギーは、言葉とその意味が隣り合わせで、その間に違いがあるようには見えないからです。しかし、スピーチや記述の過程を通じて他の人に達している時、言葉はその意味（感情）からは隔たっています。言葉の意味を決めるとい

う問題がその時起こります。

１３．ある言葉の意味は、決して別の言葉ではありません。言葉の意味は、その言葉を生み出したある感情（feeling）であり、また、その言葉を聞いた人に、新たに発生した感情（feeling）です。

　辞書は、決して言葉の意味を与えません。単に知らない、むずかしい言葉の代わりに既知の単純な言葉に置き換えるだけです。言葉の意味は、言葉の背後にある感情です。感情の変化に伴って言葉の意味も変わり続けます。(言葉の意味が数によって確定される科学技術用語を除いて) 言葉の意味を一定不変にしておく方法はありません。しかし、私たちは、同じ意味を持つものとして、同じ単語を使用しているように思われます。これを証明したり、それに反駁する方法はありません。言葉と意味は、密接に関連づけられていますが、異なる領域に属します。言葉は常に時間と空間の現象ですが、意味は常に時間と空間を超えた現象です。私たちは意味を感じることができますが、捉えることはできません。**カーリダーサ**(偉大なサンスクリット詩人で戯曲作者)は、言葉と意味の関係を、ちょうど宇宙意識と宇宙エネルギーとが互いに結合したものであると言いました。非常に深い直喩です。もし、私たちが言葉とその意味の関係の神秘を知ることができたならば、神と彼によって作られた宇宙の神秘を知ることが出来るでしょう。

１４．人は、話されたか、脳の中に発生した言葉に気づくだけです。

　「人が言葉を使います」と言う時、これは言葉を使う前の状態、人が言葉なしの状態を前提としています。しかし、明らかに、そうではありません。言語は、常に人の脳の中に湧き起こっているか、あるいは口から (あるいは、ペンを使って書いているか、現在なら、キーボードでコンピューターのスクリーン上に映し出された形で)

出ています。人は、口から話されたか、脳の中に発生した言葉をただ意識しているに過ぎなくなります。このことは、人が言葉を生成する主人ではないことを意味しています。人は、文字通り、言語のプロセスによって創られています。

１５．リグヴェーダ（ऋग्वेद）によると、言語(वाक्)には４つの段階があり、人の言語として知られているものは言語の４番目の段階だけです。

　言語の４つの段階に関する理論は、インドの古代の賢人によってなされた最も偉大な発見のうちの１つです。実に、人による最も偉大な発見だと見なすことができます。「考えを表現のツール」だとする言語の定義は、言語の１パーセントも占めていません。高度に発展した心を持つ人間の中の言語の大部分は、脳の中で振動し続けていて、スピーチの形で外には出ません。言語に関する議論は、言語のすべての様相を考慮に入れる必要があります。----　すべての様相とは、外に出たもの、内面に在るもの、最も内側にあるものです。これら言語の４つの段階を最も具体的なところから始めて、最も抽象的なところへと簡潔に見てみましょう。

１６．言語の４番目の段階(ヴァイカリー・वैखरी)は、人が話す具体的言語です。

　スピーチの形で出てくる言語は、言語の４番目の段階だけです。その言葉は、文法的なコンテキスト（文脈）に明瞭に表現されています。通常、人の言語が文法上正しいかどうかは、決められます。話されている言葉は、社会的に承認されているものとして扱われます。スピーチの速度は、自然にリスナーの理解の度合いによって調整されます。

１７．言語の３番目の段階(マディヤマ・मध्यमा)は、思考の言語です。

３番目の段階では、言語は脳の中で振動し続けますが、スピーチの形で外に現われません。文法や語彙は、**ヴァイカリー・वैखरी** (外部のスピーチ)の時点のままです。しかし、思考の主題は、もっと変えられ、かつ多様になります。人は、外には話すことができない多くのものに関して考えることができます。さらに、言語の３番目の段階の速度は、他の人が理解しなければならないという制約がないからはるかに速くなります。

１８．言語の２番目の段階（パッシャンティー・पश्यन्ती）は、瞑想で体験される言語の段階です。

　瞑想とは、心が平和になり、言葉とイメージのレベルを超越していく過程です。もし人が言語の実際の発明者でユーザならば、脳の中の言語生成のスイッチを切って心を平和にすることができたでしょう。しかし、思い通りには出来ません。内的に静寂な状態に到達するには、長いサーダナー（**साधना**）の期間を必要とします。瞑想を実践している時によく体験することは、瞑想が深くなるにつれて、言葉が消滅してゆくことです。瞑想の状態では、時々、言葉が現れたり消えてなくなったりして、私たちは、意識の中で実際に言葉の起源を見ることができます。このために、言語のこの段階はパッシャンティー（**पश्यन्ती**）、「見ること」と呼ばれます。この状態で、私たちは、言語が実際に何であるか分かります。この状態に達するまでは、私たちは言語の創造物で囚人に過ぎません。

１９．言語の１番目の段階（パラー・परा）は、宇宙エネルギーと宇宙意識が全く同一の状態です。

　言葉がない状態まで、心を完全に静寂にした時、人は宇宙意識・宇宙エネルギーと一つになります。次の諺にあるとおりです。「心が静寂になった状態は、神の気づきである。」心が静かになればなるほど、私たちの心は神に近くなります。私たちの心が完全静まれば、

私たちは神と最も密接な関係になります。この完全な静けさの状態に、言語の起源が存在します。言語に関するヴェーダの理論によると、**すべての言語のすべての言葉は、すべての瞬間、宇宙意識からやって来ます。**今、まさにこの瞬間にも、私たちの言語は、ある宇宙の力によって生成されており操作されています。しかし、私たちはそれに気づいていません。なぜなら、エゴが私たちこそスピーキングや思考を含むすべての行為の実行者であると思わせているからです。しかし、ギーター（**गीता**）にあるように、世界中の活動はすべてプラクリティ（**प्रकृति**）、宇宙エネルギーによって行われています。したがって、私たちの言語もプラクリティ（**प्रकृति**）の行為です。エゴは、私たちが言語の創造者であると思わせています。

２０．人は言語レベルを超越することによってのみ、初めて自己の真の性質を知ることができます。

　心の中のある瞬間の言語が、私たち（の形）を決めます。ビジネスマンであると人が言えば、その言葉(または、考え)が単にビジネスマンだったことを意味しています。しかし、他の時には、彼は父親や、夫や、患者や、観光客であるかもしれません。これらはすべて言葉の創造です。言葉は私たちを表現します。自己の真の性質を知ることができるのは、言葉をすべて超越し、言葉のない意識状態の見地からだけです。パタンジャリは次のように述べています。
「ヨーガの目的は、心の動きを静める全過程（プロセス）である。」
（ヨーガハ　チッタ　ヴリッティ　ニローダハ）
その時だけ、人は自己の真の性質を理解する。
（タダー　ドゥラシュトフ　スワルーペ　アヴァスターナム）
言葉は、心の動きの最も顕著な表れである。言葉のレベルを超越することにより、われわれは自己の真の性質を知ることができる。

２１．神の最も妥当な定義は、「言葉のない意識状態が神である」と言えるでしょう。

一旦、言葉を話したり考えたりするのが私たちではないことを理解すれば、私たちは言語の源泉を探索し始めるでしょう。言葉がない状態に到達すると、言語のさらに微妙な形に、徐々に近づけるようになります。人格の境界を決めるのが言葉やそれに関連するイメージであることが分かると、言葉のない状態で、個別意識を克服し、宇宙意識あるいは神と一体化します。宇宙意識の体験は、どんな宗教や信条にも依存しません。神を探求している人の心が完全に静かになることだけが必要です。したがって、神の神秘とは、地球上のすべての人の心や脳の中で振動している言語の、まさにそのプロセス（過程）の中に隠されているのです。言語を超えることによって、つまり、言葉もイメージもない意識状態に到達して初めて、われわれは直接、神を体験することが可能です。

　　　　　　　　　　　　　　　　　原題　Man and Language
　　　　　　　　　　　　　　　　　2008.9.16, Rev. 2008.11.23
　　　　　　　　　　　　　　　　　真下尊吉　訳

言語論講義　2. 言葉と意味の関係

　インド及び西欧双方の伝統において、言葉と意味の密接な関係は承認されている。実際に、意味抜きで言葉の存在を想像することはできない。意味の不存在、いわゆる言葉は、ある音声の無意味な群れを作り出すばかりで、それは言語の的確な言葉としては認められないだろう。しかし、言葉と意味におけるこの密接な関係にもかかわらず、今日まで言語学者はこれを明確にすることが出来なかった。その訳は言葉と意味は常に同時に進行しているからである。しかし、それらの性質には何か根源的な差異がある筈である。それ故に、我々はその理由を解くために幾つかの努力をしよう。言葉と意味の一つ一つの関係をいつも結びつけることは出来ない。この関連において言葉と意味の中にある重要で根源的な差異を以下に示していこう。

1. 言葉は物質的であり、意味は英知に関わり、精神的である。

　言葉は人間の肉体的な働きによって生まれる。彼の肺、自身の発声組織、舌、そして唇のそれぞれの動きによって様々な音声が生じる。これらの動作を機械によって観察し、そして計ることが出来る。どんな発声の働きもフイルムに制作することができ、そしてそれを検証することができる。このように言葉は一つの具体的な物質的過程である。
　一方、意味は全く微細で、内面的なフィーリングである。それが肉体には棲まず叡智と魂の中に棲まっている。我々は最も微細な手段によっても意味の絵を描くことができない。我々は意味の真実を認識することもできなければ、またそれを推し量ることも出来ない。ある言葉を発している時、話し手はそれらの言葉の意味を感じているか、どうか？　それを知るためのどんな決定的な方法も、我々は持ち合わせていない。物質的な性質のため、言葉は機械によっても生じさせることが出来る。しかし、どれも不自然な方法で意味を生み出すことは不可能である。

2．言葉は空間、時間に関わることであり、意味は空間、
　時間を越えている。

　本来、物質的な出来事として、言葉は時間のある特別の瞬間に生まれている。また何か特別な瞬間に終わってしまう。例えば一般的に利用し、話している〝友情〞という言葉の発声には1秒で足りることである。我々はこの言葉を正確にどの時間上に話し始め、そして、どの時間にこの発声は終わったと言えるだろう。

　同じように空間との関係でもこのことが言える。ある人がその言葉を何処発声したか、そして彼の体のどの部分がこの発声のために働でいたかを主張することはできる。これに対して、その1秒の中で、〝友情〞という言葉を発声している時、その1秒の間にその言葉の意味のフィーリングは話し手に生まれたか、あるいは生まれなかったか、そして、その意味のフィーリングは言葉の発声が終わった後も続いていたか、いなかったか？　それを知るどんな方法も我々は持っていない。二人の人間の間でこの言葉を使わなくても友情のフィーリングを伝えることができることを我々は日常経験している。一方、二つの国の指導者がお互いに友好の約束をした時、普通そこには友情のフィーリングは起こらず、お互いの有用性と安全に対する同意があるだけである。

　このように空間と時間の次元の中でごく限られた瞬間に生まれている言葉は自身と共に常にそれ自身の意味を持つことは出来ない。意味は言葉と共に歩むことができ、またそれから独立しても進んで行ける。しかし、意味を空間と時間の次元の中に縛り付けていくことは出来ない。

3．言葉は分割されるべきものであり、そして、意味は分
　割できない。

　上記の検証によれば、一つの言葉を別の言葉と時間の次元に分けることが出来るのは明らかなことである。同時に文法の分野では、一つの言葉をさらに分割することが出来る。上に示した〝友情〞と言う言葉

を"友"+"情"の形で二つの部分に分割することができる。しかし、言葉の意味を分割することは出来ない。例えば 「 我々はすべての人々に親愛の情を持たねばならない」という叙述に対して、我々はこの文章を各々の語句と語尾に別々に切り離すことが出来る。文法の教科で教えられた時、文章の語句に対して、また語句の語尾に対して分割したことがあるが、それは必要なことだとしても、しかし、不自然なことである。一方、意味のフィーリングはお互いに親密に絡み合っているために、それらをどんなに努力しようが分割することができない。もし言葉が水滴と同じように見える形で我々の前にあるとすれば、意味は、空と風の中に広がっているその水滴を作る水蒸気と同じである。その水蒸気は自身の姿はない。そして、それを空間と時間の元に縛りつけることは出来ない。言葉と意味を分割出来ること、分割できないことを下の図表によって説明しよう。

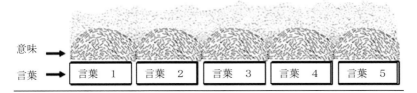

　この図によって各々の言葉は自身の存在の瞬間においてある特別なフィーリング引き起こすことが出来る。しかし、そのフィーリングは他のフィーリングと絡み合っているので、それを別のフィーリングから分けることはできない。

　物質的な性質のために言葉は捉えることができ、またそれを分割することも出来る。しかし、形を持たない"意味"は微細で常に人間の把握の外にあり、言い尽くし難い状態にある。

4．言葉は繰り返すことが出来る。意味はそれができない。

　　機械的な働きに起因する言葉は、我々は欲する限りいくらでも何度でも繰り返すことが出来る。ジャパ（誦唱）の行法はこの繰り返しに基づいている。テープレコーダなども言葉の繰り返しをすることが

できる。印刷した形で言葉の無数の繰り返しができる。しかし、意味の繰り返しとは何だろうか？ ある人があるマントラを千回唱えている。もし彼が何かの方法で毎時そのマントラの発音を正確に同じように出来ても、彼は正確な同じ意味を千回でも感じるだろうか。

ある詩を最初に読んで感じた意味を、その詩を二回、三回読んでも同じ意味を感じるだろうか。ある文学作品を読めば読む程毎回新たな感想を持つことはごく普通の経験である。この状態の原因は明らかである。言葉の発生の過程は肉体に基づいていて、意味のフィーリングは内面的意識に依存している。人の肉体は大変ゆっくり変化しているので肉体的な手段によって発生が繰り返される言葉と同じように見えるのである。しかし、人は自分の意識の変化をコントロールすることはできない。その意識は刻々変化する。肉体的にはどんな言葉の繰り返しも可能である。しかし、自分の意識の中のその言葉のフィーリングを繰り返し呼び起こすどんな方法も我々の許にはない。

5. 言葉は社会的であり、意味は個人的である。

如何なる社会でも、人々の口から出されている音声は、その社会に承認されていてこそ、社会の言葉として受け入れられる。一冊の辞書を作る学者は、自分の社会とその文学を調べた言葉を、自分で作った辞書に載せている。だから彼はそれらの言葉はその社会で使われていると、主張することができる。各々の社会の言語に新しい言葉が現われ、そして、古めかしい言葉の利用は少なくなり、消滅していく。何処の言語の如何なる言葉もその言語を話す人々によって使われている時にのみその言語の言葉として承認されている。このように言葉は常に社会の資産でありつづける。

その反対に意味を社会化するにはどんな方法もない。我々は、もしある社会人がある言葉を何度も何度も使ったところで、それらの人々は、一般的な言葉のごく一部の意味を推測できるだけである。しかし、それを証拠づける、どんな方法もない。例えば、インドの社会では神

(Ishvara)そして宗教（dharma）の言葉の使用を数千年前からやって来ている。しかし、もしこれら二つの言葉に関して研究してみると、その言葉の意味は社会の人々に取っては個々別々であることは簡単に解る筈である。

次の項に進んで、我々は数詞の言葉を除いて他の何らかの言葉の意味を決定することは出来ないと知るであろう。

ある人々が、ある言葉の意味を知ることなしに、その言葉を絶えず使ったり、また作為的な誤った言葉の使用から社会を欺くこともあろう。このため、概して言葉は、思考の表現の道具であると共に思考を覆い隠す手段でもあると、考えられている。宗教及び社会の指導者は、しばしば自分の追随者を間違った言葉の使用によって迷いの中に陥れている

6．最初の意味は言葉を生み出し、次の言葉は意味を－

言葉と意味の内でどちらが先か、この問題は鶏が先か、卵が先かという程に難しい問題ではない。インドでは言葉と意味に永遠の関係を認めているにも関わらず、それらの中に秩序があることを明らかにしている。

我々は以前に見たように、ある言葉の意味を他の言葉ではなく、その言葉を聞いて自分の心に呼び覚まされたフィーリングがある。このフィーリングこそ話し手の根元の主題（言いたいこと）である。ある言葉の発声時このフィーリングが話し手の中に起こる時だけ彼に話された言葉は意味をもつであろう。このフィーリングは話し手の心の中に言葉の発声前に存在している。その時だけ彼はそのフィーリングを基盤にして言葉を選び、それを媒介に自分のフィーリングの伝達をしなければならなくなる。ある人が　"今日は暑い"　と言う時、必ずその熱いというフィーリングはそれらの言葉の発声の前にあり、そして、そのフィーリングこそその言葉の主題と意味である。

このように時間の経過の中で、話し手の内部には意味の起源が最初

にあって、そして言葉は後に起きるのである。その反対に聞く人や読む人の意識には、言葉の生起が先で、そして意味はその後に生じる。話し手と聞き手の内には言葉と意味の順序を知らせることを内的な出来事によって見ることが出来る。時々話し手の心の中には自身の主題（言いたいことは何か）が大変明確に起こっている。しかし、その表現のために真の言葉を見つけることは出来ない。このように意味は言葉なしに存在することができるが、この反対に、もし意味なしにある言葉を発声されたなら、それは唯の音声の群れであり、実際には言葉がない。

7. 言葉には同義語があるが、意味にはそれがない。

各々の言語には同じ意味の言葉を見受ける。インドの言語にもこの見方をすれば、同義語はふんだんに見られる。一つの想念を表現するために沢山の言葉がある。そして時にはそれらの同義語は減ることも、増えることもある。しかしこのことによって、意味の数においては些少も多大も起こることはない。現代語の同義語の見方は大変貧しい。しかし、このためそれらの意味にはどんな貧しさもやってこない。そして、同義語の見方からも豊かな言語は意味の見方からも豊かさを持つことは全くない。

8. 言葉はある特定の言語に属しているが、意味にはそれがない。

言葉は人の口から出る故に、ある言葉がどんな言語に関しているか確かめることができる。ある言語の言葉の数を数えることも出来る。その言葉の中で他の言語からきた言葉を列挙することもできる。しかし、その過程は意味に関しては不可能である。意味は決して何かの言語のものではない。ある言語を話す集団は、ある種のフィーリングを共に持っているかもしれないが、しかし、ある言葉を話している時、その集団の人達の中にも同じフィーリングが起きるとは限らない。一

方、同じフィーリングが全く異なった言葉で別の集団に起こる可能性もある。このように我々は言語の言葉を基盤に意味の分別をすることは出来ない。

　我々はある言語にどんな言葉があるか、言うことはできる。しかし、ある言語にどんな意味があるとは言えない。実は、意味の領域においては、全人類はただ一つで、それとは不可分の状態にある。言葉によって意識の中に生まれるフィーリングこそ言葉の意味であり、それらをある集団の人々と繋ぐことは不可能でる。

9. 言葉の口述や筆記の双方は型であり、意味にはそれがない。

　紙と印刷技術の発明後、言語の文字形態はますます重要になっている。口述の言語はある程度まで文書形態の影響を受ける。テクノロジーの発明発展と共に、言語の文書形態の広がりは非常に多くなっている。しかし、この技術的な発展によって言語の意味は些かも変わっていない。現代人のフィーリングはほとんど以前の人々のことであり、唯これらの発生の量と表現の形は変わってきた。言語を文書で表わされたものは、自分の都合の良い時に読んで、その意味を捉えることは出来るが、それは口述言語においては不可能である。口述言語も文書言語も意味の把握においては基本的な相違はない。

10. 言葉に対しては研究することができる、意味にはそれができない。

　具体的なものなら、言葉は限定したり、数えることはできる。文書の形なら、言葉は簡単に分かる。それゆえ言葉は簡単に研究の対象を作れる。各々の言語の問題に関する研究の中で言葉を対象にする研究の数は最も多い。

　研究によって我々は何かの言語に幾つの言葉があるか知ることができる。それらの中でどの言葉が最も頻度が高いか、言語の"基本単語"

は何か等々。しかし、それらのすべての研究は言葉の問題であり、意味に関したことではない。ある言語を話す人が、ある特別の意味を何度か経験していて、そして、その集団が意味を感じる基本的な方法は何か。それについて研究することは不可能である。我々が言葉の問題に対して為した研究は、意味に対してできない。そのため言葉に対しての研究は殆ど不完全で役に立たない。

C・K・オーグランによって著された「ベーシック・イングリシュ」の中には850群の言葉が示されている。このように、この英語は一般には大変易しいと認められている。しかし、別の学者はこの意見はかなり欠陥が多いことを論理的に示している。これら850語の中の一つ一つと、そしてそれらの言葉の極々小さな語群に至るまで、多くの意味が現れて、英語を学ぼうとしている人達は多くの難しい問題に直面するであろうと説いている。

11. 言葉は文法的に正しいかどうか、確かめることができる、しかし、意味にはそれができない。

ある言葉や文章が正確か、そうでないか、この弁別は文法においてはできる。

子供の言葉や何かの言語を学んでいる人々の文法の多くは不正確ある。しかし、父母や教師はそれらの不正確な言葉からも正しでい意味を推測している。文章や言葉では、文法の見方からのみ正確、不正確の判断ができるだけで、意味の見方ではない。それ故、バルトリハリは不正確な言葉からも、我々は正しい言葉から示されている意味を感じとると言っている。

ある言葉の発生が正確か、そうでないか、書かれたものでそのスペルが正しいか、間違いか、文章の中でその言葉の使用が文法的に適切であるか、どうか、これらの正しさに関する決定は簡単にすることができる。しかし、その言葉の意味のフィーリングは完全に個人的な性質で、それらの正しさや間違いに関しての決定は不可能である。

12. 言葉は直接知覚の対象であり、意味は推測しうるもの。

　人は誰でも話したり書いたりしている時に表わすのが言葉である。幾ら努力をしても、彼は自分の中にある言葉の意味を外に出すことはできない。その言葉を我々は聞いたり、読んだりする。しかし、その意味をただ推測することだけはできる。よく我々は、ある人が　「もし、私のことを信用できないなら、私は自分の心を開けて見せよう。」と言っているのを聞く。このような言い方は、人はどんなに誠実な言葉で話しても、それらの言葉の意味をそれを聞く人に決定的な形で伝えることのできない無力さを示している。二人の人間の間での親密な伝心はたいてい言葉とは別の媒体で起こる。我々は自分のもつ意味を他者まで届ける努力だけはできる。その努力において我々は成功できたか、できなかったか、これを知るどんな決定的な方法も我々の許にはない。ある人間の頭脳を開いてその微細な分析をすればその中で言葉の発声はどのようになっているか、それを知ることはできる。しかし、その脳は意味をどうして感じるか。これは我々には決して知ることはできない。

　意味は人生のすべてにおいて最も神秘的ものである。意味は常に人の内部に残って、人は誰しもそれを携えてそれと共にこの世を去って行く。されば、彼が、後に残すのは唯言葉だけである。海辺に落ちている真珠貝や法螺貝のように我々はそれを拾って選り分け、それを組織的に研究することができる。しかし、自分
　の完全な努力にもかかわらず、それからその言葉が発声された時の躍動した意味を再生することはできない。それゆえ、学者たちの間では、経典の言葉の意味についてしばしば議論を続けている。

13. 言葉は個人意識から統制され、意味は宇宙意識から。

　上の論議の結論はこうである。肉体的な過程で生じる故に、言葉はある程度まで人は意識的に統制できる。人は意識的努力によってある時ある言葉の発声ができ、それを短くも、長くも話す事ができ、そしてその都度思うように繰り返すことは可能である。しかし、完全な意

識状態で話していながら、言葉の意味に対しては、それのどんなコントロールもできない。

あることを望んで、彼はある言葉を話し、聞いたりしながらも、ある特定のフィーリングを起こすことは出来ない。フィーリングは、実はある自律した動きであり、そして、個人の意識からではなく、宇宙意識から生じる。意味のフィーリングは言葉と関係があっても其れらに繋がれていない。これと関連して意識的努力によって言葉の知識を伝える事は出来る。意味の知識ではない。我々は自分の日頃の生活において、生徒たちは誰しも一般にある課題の単語の知識を持って解いているのを見ている。しかし、彼らはその問題の根本的な意義の把握をしていない。言葉の知識を持っている時、その意味は必然的に得られると、一般的に認められている。実際はこれとはかなり違いがある。ヴェーダの時代には言葉の知識によって意味の知識は絶対に得られないと認めていた。事実、意味を表わすことに、言葉は多くの限界があること知らせる助けだけは出来る。このためヴェーダでは、人はブラフマンを知らずしてヴェーダ・マントラの意味も知る事ができないと

言語論講義資料　2009年6月22日
原文ヒンディー　長谷川　澄夫　訳

言語論講義 3. バルトリハリの言語に関する考察

　言語に関する考察ではバルトリハリの視点は、最も高い存在である。彼の有名な『ヴァーキャパディーヤ』はパーニニーのサンスクリット文法書、『アシュターディヤーイー』の解説と注釈の形で書かれている。書名は、『ヴァーキャパディーヤ』と言われ、主として文章と語句、即ち文法に関する言及である。しかし、バルトリハリの考察は、哲学的で、『ヴァーキャパディーヤ』には、言語哲学に関する実に多くの重要な原則が書かれている。『ヴァーキヤパディーヤ』の最初の第一巻が、ブラフマカーンダ(ブラフマに関する章)である。この章では、言語に関する極めて深い哲学的証明がなされている。それを読みながら読者は、言語のプロセス（過程）に深く入ると同時に、ヨーガのような瞑想が可能である。以下、『ヴァーキャパディーヤ』のブラフマカーンダから、幾つかのカーリカーを掲げる。（哲学、文法の論題に関する句は、シューロカ（詩句）ではなく、カーリカー（頌）と言われている。）

1. **अनादिनिधनं ब्रह्म शब्दतत्त्वं यदक्षरम् ।**
   विवर्ततेऽर्थभावेन प्रक्रिया जगतो यतः । (१-१)

   言語の不滅の真髄は、始めも終わりもないブラフマである。
   みかけ上、世界の「もの」とプロセス（過程）の形で現れて
   言語の意味となる。

यद् であるところの、**अक्षरम्** 不滅の、**शब्द** 言語、**तत्त्वं** 言語の本質、**अनादि－निधनं** 始めも終りもない、**ब्रह्म** ブラフマ、**यतः** それによって、**जगतः** 世界の、**अर्थभावेन** 意味の形で、**प्रक्रिया** プロセス、**विवर्तते** 変化し見かけとして顕現している

　このカーリカーは、言語の根源を述べながら、宇宙の神秘を明らかにしている。われわれの周囲には、多くのものが満ち満ちているのに気づくのは、ごく自然なことである。われわれは、それらのものをいつも見ている。しかし、それらすべてのものは、それを見ている人間から独立して存在で

きるだろうか。言い換えれば、もし見る者がいなければ、見られるものの存在はあるだろうか。一般に、世界の物質は、われわれからは独立した存在であると考えられている。例えば、ある丘は人がそれを見るより以前から存在しつづけている。人が自分の言語で、その場所に「丘」という名前を付けると、ヒンディー語を話す者は「**पहाड़ी** パハーリー」と言い、日本語を話す者は「丘」と言う。英語を話す者なら、hill と言う。他の言語を話す人々は、また、別々の名前で呼んでいる。従って、あるものの存在とその名前には不可分の関係はない。ものは名前のない前から存在していたし、仮に、名前がなくても、ものは存在し続けている。つまり、ものの存在は、それに関して話したり、考えたりしている人間から独立していると考えるのが自然であるが、実際、そうだろうか。われわれが「丘」と言っているその存在は、名前を付けることとは別のことなのだろうか？　地表のある盛り上がった部分は、丘なのか、山(**पहाड़** パハール)なのか、この判定を、どのようにして下すことができるのだろうか。ある人々が、丘と言っても、他の人々はそれを山と言うこともできよう。人が、それに名前を付ける以前には、その部分は地球の単なる一つの盛り上がった部分でしかなかった。丘に一つの森がある。一つの言葉「森」には、山のあらゆる植物のイメージがある。森の中には様々な樹木が生えている。それらに独自の名前が付けらない場合は、すべて単なる樹木に過ぎなかった。しかし、ある日本人がその中から、ある木を見て、「あっ！これは桜だ。」と言った途端、その木は他の木々から区別されて「桜」に変わる。日本語と桜を知らない人にとって、その木は普通の木であり、単に森の一部分でしかなかった。このように丘、森、樹木、桜、それらは別々の存在ではなく、単に一つの物の部分である。われわれは、別々の名前であるために、別々に見てしまう。明らかに、あるものに名前を付けるプロセスで、文字通り、そのものが生まれるのである。もし、言語に名前を付けるプロセス(**प्रक्रिया** プラクリヤー)がなかったら、世界には、別々のものは生じないかもしれない。その時、この全宇宙は「ありのまま」の状態に留まるだろう。言い換えれば、世界の別々のものの誕生は、それらを見ている人間の言語と考えから生じ、名付ける過程から、文字通りものが生まれるのである。従っ

て、宇宙の存在やその根源は言語の中にある。しかし、言語の根源は、何処にあるのだろうか。

　一般に、人は自分の思考伝達の道具として、言語を発明したと思っている。インドの言語哲学では、それに同意していない。その哲学の一つの基本原理は、人が言語を使うのではなく、言語が人を使っている、ということである。実際、言語は人間を越えた力の表明、即ち、言語の中に、それを越えたある力が自らを表明しているのである。現に、人間は、言語の囚人であり、一般に、言語の監獄から解放されることはない。発展した頭脳を持つ人間は、頭脳から言語が常に溢れ出ていることを知っている。われわれの意識の中で、想念は、一つのクモの巣のように、常に作り続けられている。われわれは、考えれば考えるほど、このクモの巣は、ますます複雑に絡みあってゆく。現に、われわれの人生の大部分の問題は、この抑えようのない想念のために生まれるのである。ヨーガの目的は、この思考のプロセス（過程）が鎮まることである。
　宇宙のあらゆる物質のように、人間の存在も、また、言語に由来する。深い瞑想において言葉と思考を超越すれば、人間の性質は一変する。その時、人は宇宙意識、即ち、ブラフマと融合している。これは、単なる理論上のことではなく、自分自身で実際に体験し、観察することが出来る。自分の頭脳を完全に鎮めると、誰もが、宇宙意識、即ち、ブラフマを自分の内に感じることが出来る。これはパラマートマーの直接の体験である。しかし、一般には、人は努力しても、頭脳の中に沸いて来る言語の波を止めることはできない。何故なら、言語の源は、人間を越えたある力に由来するからである。それぞれの言語の、それぞれの言葉は、その瞬間、瞬間に、宇宙意識、つまり、ブラフマからやって来る。そのブラフマは、言語の不滅の本質である。それがない言語の存在はないだろう。何故なら、すべての人間の言語の中で、ブラフマが、自らを、様々な姿で顕現し続けているからである。
　言語は、言葉によって作られている。しかし、言葉の意味とは何か。バルトリハリによれば、言葉の意味とは、世界のすべてのものとプロセス（過

程)である。ある言葉を聞くと、聞いた人の頭脳に何らかのイメージが沸く。そのイメージこそ、その言葉の意味であると考えられる。だが、このイメージは、人によってある意識の結果から生まれたものではない。話したり聞いたりしている間に、その人の脳の中に、いろいろなものの想念や考えが生じる。このすべての現象の背後に、何があるのか、見つけ出すことである。インド哲学では、この全宇宙の背後に、ただ一つの意識として、ブラフマが存在すると強く主張している。それはプルシャとか、シヴァとか言われている。サーンキヤ哲学は、宇宙意識をプルシャと言い、ヴェーダーンタは、ブラフマと言っている。この一つの意識のエネルギーは、この世のすべての物質とそのプロセスとして顕現している。

　人間の言語にも、その力が働いている。一方、言語の言葉の意味は、それらの言葉を聞いたり、読んだりして、われわれの心の中に浮かんでくるフィーリングである。フィーリングは、われわれの中に存在している、意識の変容である。このように、そのブラフマの一面が、言葉の形で現われ、別の面が、言葉の意味の形で働く。ここで注意する必要があるのは、インド哲学では、変容についての二つの形を受け入れていることである。その一つが、実際の変容である。一度変化したものは、元の状態には戻らない。ミルクが、一度ヨーグルトになると、元のミルクには戻らない。紙が燃えて灰になると、元の紙に戻すことはできない。このような変容は実際の変化である。それをインド哲学では、ヴィカーラ(**विकार**)と言う。

　もう一つの変容は、変化した物は再び元の状態に戻ることが出来る。例えば、金で多くの装飾品を作ることができる。その装飾品は、溶かせば、元の金になる。水を凍らせれば氷になり、その氷を溶かせば再び水になる。糸から織物ができ、その織物を解けば元の糸の姿に戻る。このような変化は、インド哲学で、ヴィヴァルタ(**विवर्त**)と言われている。全世界のあらゆる場所でブラフマは顕現している。しかし、ブラフマの世界における姿は、ヴィカーラではなく、ヴィヴァルタである。世界の物質は、別々の姿をとって現れてくるが、再び、ブラフマの中に溶けてゆく。今日の科学でも、宇宙の全ての物質は同じエネルギーの顕現であることが容認されている。アインシュタインの有名な等式 $E = mc^2$ によれば、mass（質量）をエネ

ルギーに、そしてエネルギーを mass に、変換することが可能である。宇宙の全ての物質も、同じエネルギーの変容である。この世界の背後に、一つのブラフマの存在がある。それは一つきりで、すべての物質と事象の中に現れている。このブラフマこそ人間の言語の源泉である。人の心に言語が働く時に、この世の物は異なって見える。言語が停止すれば、世界の様々なものはブラフマの中に溶けてゆく。

2. एकमेव यदाम्नातं भिन्नं शक्तिव्यपाक्षयात् ।
अपृथक्त्वेऽपि शक्तिभ्यः पृथक्त्वेनेव वर्तते ।(१-२)

ブラフマは、たった一つでありながら異なったエネルギーを持つためいろいろな描写がなされる。ブラフマの持つエネルギーは分けられないのに、あたかも別々のように存在する。

यद् ブラフマである、 **एकम् एव** たった一つ、 **आम्नातं** 経典の中で述べられる、 **शक्तिव्यपाक्षयात्** 自らの力が原因で、 **भिन्नं** 離れている、 **शक्तिभ्यः** 自らの力から、 **अपृथक्त्वे अपि** 分けられない、 **शक्तिपृथक्त्वेन इव वर्तते** 離れているかに存在する

　ブラフマはたった一つである。しかし、その力は多くの形の中に表れている。その力の働きによって、ブラフマは異なった姿で現れている。世界のすべての物質とすべての生き物は、ブラフマそのものの姿に他ならない。上の詩句で、われわれの言語は、どうして、一つのものの部分を、別々の名前を付けて現出させているかを見てきた。言語もブラフマの一つの力である。それぞれの言語の、それぞれの言葉は、その瞬間瞬間に、ブラフマからやって来る。しかし、われわれは自分の無知のために、言語を利用しているのだと考えている。もし、言語から自分を切り離すことができれば、言い換えるなら、もし、自分の意識にどんな言葉も生み出さない状態に到達できるなら、その時、自分自身はブラフマと合一出来るかもしれない。しかし、サーダナ (**साधना** 修行) なしで、そのような状態に到達することは不可能である。人は常に、言語に囲まれている。現に、言語は人の性質として働いている。人間の個人的存在なるものは、言語に基づいている。

言語にこそブラフマの力が顕われているのだ。
　われわれの言語では、言葉は分けて使われる。本来、分割できないものを、切り離して表現する。われわれが「海の波」と言う時、海と波は別々のものであるという感じを持つが、しかし、海と波は、一体であって、別々ではない。同じように、木の葉、花と果実も、木から分けて表現している。しかし木の根、幹、枝、葉、花、果実は、すべて同じ物の不可分の部分である。このように、ブラフマは一つである。
　世界の創られた物すべてと生き物は、ブラフマの一部である。しかし、それらは、自らの力によって、別々に現れるのである。ブラフマは、常に、一つのままであるが、見かけ上は、様々である。サーンキャ哲学では、このことをプルシャとプラクリティーの関係によって説明している。プルシャは、常に、一つの状態を保つが、プラクリティーは、いろいろな姿として顕われる。
　サーンキャ哲学は「**सत्कार्यवाद** サットカーリヤワード」(因中有果論)の原理を受け入れている。**सत्** (サツト)の意味は「存在している」、**वाद** (ワード)の意味は「原因・結果 (* cause & final end)」である。「因中有果論」とは、原因の中に、既に、結果が含まれていると言うのである。粘土の中に、既に、土器が存在し、陶工が、それを現実のものとする。糸の中に、布が、既に、存在していて、織物工が、それを目の前に現出させる。同じように、ブラフマの中には、既に、世界は潜在している。ブラフマの力は、それを様々な姿として表わしてゆく。ブラフマの力は、一般に、マーヤー (**माया**) と言われているが、単数形と複数形の両方で用いられ、ここでの、力という語は複数形で使われている。「ブラフマの力」と言うと、ブラフマとその力が、別々の印象を与えるけれども、実際には、ブラフマとその力は一つである。太陽とそのエネルギーにしても、太陽とエネルギーは一つである。このように、ブラフマの力はブラフマそのものであり、分離することはできない。

3. अध्याहितकलां यस्य कालशक्तिमुपाक्षिताः ।
　जन्मादयो विकाराः षड् भावभेदस्य योनयः । (१-३)

> ブラフマは、時間（部分と形態）によって結合している。
> 時間という力を基盤に、この世界では六つの変化（誕生、存続、変化、成長、衰え、消滅）として現れる。

अध्याहितकलां 異なった部分と形態を保っている、**कालशक्तिमुपाक्षिताः** 時間という力に基づく、**यस्य** であるところの、**जन्मादयो षड् विकाराः** 誕生など六つの変化、**भावभेदस्य योनयः** （この世界における）存在の区分、**योनयः** 原因である、**अध्याहित** 自らの上に保っている、**कला** 時間、**भाव** 存在

　ブラフマの一つの力は、時間(**काल** カーラ)である。ブラフマの持つ時間の力により、この宇宙の様々な物の誕生がある。それぞれの物には、次の６つの状態がある。誕生（**जायते** ものが生まれる）、存続（**अस्ति** 維持された状態が続く）、変化（**विपरिणमते** ものは変化してゆく）、成長（**वर्धते** 大きく育つ）、衰え（**क्षीयते** やがて衰えてゆく）、そして最後に、消滅（**विनश्यति** 破壊され消滅）する。ある星の一生にしても、また人の一生にしても、すべてにおいてこの６つの状態が見られる。人は誕生し、存続し、変化し、成長し、衰え、最後に死ぬ。人は何度も、一つの状態でいられることを願い、若者たちは、若さを保つことを、老人たちは、死なないことを願う。しかし、われわれの人生は、自分たちが作ったわけではないし、この世界も創っていない。我々はすべて、この世界では、ブラフマの遊戯（**लीला** リーラー）の中に生まれ、そして、ブラフマの持つ時間の力が、われわれの人生を支配し続けている。われわれが望んでも、そこから離れて自分の人生を過ごすことはできない。ブラフマが我々を創り、その瞬間瞬間に、我々の人生が巡っている。我々は、自分の考えによって、自力で人生を歩んでいると思っているが、現実には不可能である。我々の思考の言語にも、ブラフマが顕現し続けている。ブラフマから離れて、この宇宙には何もない。時間(**काल** カーラ)は、宇宙の支配者であると言われている。ブラフマは、勿論のこと、シヴァも、そう言われている。シヴァの今一つの名前が「マハーカーラ」（偉大なる時間）である。時間には、流れがあるが、マハーカーラには、流れはなく、振動のみである。このため、マハーカーラであるシヴァは、ナタラージャの形で踊る姿を見せてい

る。自分の踊りによって、世界を踊らせているが、自らの内は、常に、静寂な状態を保っている。ブラフマは、自らは静寂で変化はない。しかし、有する時間の力は、世界の流れを推し進めている。時間の流れの中で生れたものは、すべて変化する。そして衰え、最後には消滅してしまう。

4. एकस्य सर्वबीजस्य यस्य चेयमनेकधा ।
भोक्तृ – भोक्तव्य – भेदेन भोग – रूपेण च स्थितिः । (7-4)

たった一つのブラフマは、すべての物の種子である。その一つの状態は、享受者（ボークター）、享受の対象（ボーギャ）、享受（ボーガ）という3つのプロセスの姿をとる。

च そして、**सर्वबीजस्य** すべての種子、基盤、**यस्य एकस्य** 一つのブラフマの、**भोक्तृ – भोक्तव्य – भेदेन** 享受者と享受されるもの（幸・不幸を経験する者、幸・不幸の対象）の区別によって、**भोगरूपेण** 享受の過程おいて、**इयं** それは、**अनेकधा** 多様な、**स्थितिः** 存在である

それぞれの生き物の生活の中心は、内部に表われたフィーリングである。我々が自分の生活をよく見ると、すべての行為、言語、思考が、我々の中に、その瞬間、瞬間に現われたフィーリングによって、決定されていることが分かるであろう。我々の行為は、我々の中のフィーリングが我々を動かすのである。人は常に、幸福を得ることを願い、そのために、世界の様々な物を得ようと、昼夜を問わず努力をする。幸せを得れば喜び、得られなければ悲しむ。幸・不幸の経験が、「享受 ボーガ」である。人の全人生は、まさに幸・不幸を享受する長い鎖である。享受している者が「享受者 ボークター」で、享受されるものが「享受の対象 ボーギャ」である。ある人が、美味しい食事を求める時、その美味しい食事は、享受するもの、食べる人が、享受者、そして、食事をするプロセスが、享受である。ある人が、どこか高いところに登りたいと願うとき、その高い所が、享受されるものであり、彼は、享受者である。そして、その高い所に登れば喜び、登れなければ悲しむ。双方とも享受である。このようにして、生き物は、それぞれ、享受者として、享受するものを探して、全人生を過ごしている。

まさに、この享受のプロセスこそ人生である。人は死ぬ寸前まで、何かを享受したいと願い続ける。全宇宙はただ一つの意識であるが、ブラフマ、シヴァ、プルシャ、パラマートマーなどの名前で呼ばれる。宇宙のすべての物質は、その意識の表出である。すべての創造物は、ブラフマの姿の表出である。同じように、世界のすべての享受される物の中に、ブラフマが現われている。生き物たちの中の意識的な要素にも、このブラフマは表われている。世界の物質は、生き物のための享受の対象である。どんな人も、その瞬間、瞬間、自分の内部に表われたフィーリングによって、享受される物を得るために働いている。そのフィーリングは、人は、自らが生み出せない。人のフィーリングの源が宇宙意識、即ち、ブラフマの中にある。同じブラフマは、享受者の姿ですべての生き物の中で働きつづけている。このように享受のプロセスにおいても、ブラフマは顕現し続ける。バルトリハリによれば、享受者、享受されるもの、そして、享受のプロセスの3つの姿の中に、まさにブラフマは現存している。

5. प्राप्त्युपायोऽनुकारश्च तस्य वोदो, महर्षिभिः।
एकोऽप्यनेकवर्त्मेव समाम्नातः पृथक् पृथक्॥(१-५)
賢者は言った。ブラフマを獲得し、その後で人生を生きる方法がヴェーダ（ヴェーダ聖典と知識）である。

वेदः ヴェーダ（聖典と知識）、**तस्य** ブラフマの、**प्राप्त्युपायः** 達成（最終目的）の方法、**च** そして、**अनुकारः** ブラフマを得た後の人生を正しく生きる源 **एकोऽपि** 一つになっても、**महर्षिभिः** 偉大な賢者によって、**अनेकवर्त्मेव इव** 恰もその道は別々であるかのように、**पृथक् पृथक् समाम्नातः** 別々であると言われている、

　ブラフマは知識そのものである。しかし、それを得るために、知識を獲得する道を熱心に歩む必要がある。インドの伝統で、ヴェーダ（**वेद**）は、真理の知識を明らかにしている。ヴェーダの源の意味は、知識である。ヴェーダという言葉は、動詞語根 **विद्** に由来し、その意味は「識る」である。**वेद**（ヴェーダ）という言葉は、単数形で知識・ヴェーダ聖典という意味で用いられている。インドの伝統では、何にもまして、最高の知識は

वेद (ヴェーダ) の中に示されているので、そのため、ヴェーダは聖典として認められている。ヴェーダの書物は、サンヒターと言い、四つある。リグヴェーダ、ヤジュルヴェーダ、サーマヴェーダーダ、そしてアタルヴァヴェーダである。これらの聖典には、**वेद** (ヴェーダ) という言葉は複数形で用いられる。四ヴェーダには、世界と人生に関連した多くの事柄の描写がある。後に、ヴェーダの様々な論題を捉えて、賢者たちは多くの別の書物を製作した。その中で、ウパニシャッドは有名である。人間自身の究極の姿は、ただ一つ「**ज्ञान** ギャーナ」だけである。現に、最高の知識 (**ज्ञान** ギャーナ) の状態は、知る者 (**ज्ञाता** ギャーター)、知りうるもの (**ज्ञेय** ギェーヤ)、知るプロセス (**ज्ञान** ギャーナ) が、一つになっていることである。(丁度、そのまま、享受者、享受されるもの、享受のプロセスが一つであるように)。何故なら、何であれ、この世界では、その中にブラフマが顕現しているからである。しかし、人が、それを理解する能力には、大きな限界、つまり自分の感覚器官と心によって知識を得るという限界がある。その背後に、アハンカーラ (エゴ) が働いているから、このようにして得たものは、実は知識ではなく、単に情報に過ぎない。科学はわれわれに知識を与えず、情報を与えている。この情報には、どのような発展があるだろうか。それには常に、限界がある。知識を得るために、人は自分の感覚器官、心、アハンカーラ (エゴ) のレベルを越えてブッディ (英知) のレベルにまで到達しなければならない。ブッディの境地では、すべての差異は終わってしまっている。ブッディの上にパラマートマー、或いはブラフマがある。

यो बुद्धेः परतस्तु सः। (ヨー　ブッデヘ　パラタストゥ　サハ) **ギータ―3-42**。ブッディの状態で人はパラマートマーを眼前にする。ブッディの境地に達してこそ、人は自分の人生を正しい方法によって、歩むことが出来る。しかし、誰であろうと、何かをしようとすると、最初にアハンカーラの影響で、その行動に衝突と迷いが生じる。このためヴェーダは、究極の真理やブラフマの知識だけしか与えない。それらは、人間をその真理によって、人生を生きるための道案内もする。ヴェーダとその後の経典の中に現れている思想を基盤に、多くの宗教宗派ができ、その中には、時々、

ヴェーダとは異なった道を行くためのことが言われている。しかし、実際はそうではない。深い視点で見ればヴェーダの中では、別々の表現で、一つ真理を描写し、その真理の光の中で、人生を生きる提案を示唆している。
एकं सद् विप्राः बहुधा वदन्ति ।
（エーカム　サッド　ヴイプラーハ　バフダー　ヴァダンティ）「真理は一つ。学者たちは、それを様々に描写している。」リグヴェーダ　1．164．

6．**सत्या विशुद्धिस्तत्रोक्ता विद्यैवैकपदागमा ।**
　युक्ता प्रणवरूपेण सर्ववादाविरोधिना । (१-९)
　これに関連して（ブラフマに関する知識を得るために）様々な学派のすべての人々によって、この一つの音声の知識は受け入れられている。

तत्र これに関連して、**सत्या विशुद्धिः** 真理であって純粋な、**उक्ता** 言われていてそれは、**सर्ववादाविरोधिना** すべての視点において反論のない（すべての学派が承認している）、**प्रणवरूपेण** オームの形で、**युक्ता** すべてと繋がっている

　インドの精神的、宗教的、哲学的な伝統では、「オーム」という音声は何よりも重要である。すべての哲学者、宗教の信奉者は、これを、万人が認める象徴として受け入れている。インドに起源するヒンドゥー教、仏教、ジャイナ教、シック教、これらすべての宗教で、オームという音声は、何よりも神聖なものとして受け入れられている。その理由は、明らかに、言語の言葉の意味（数で定義された言葉を除いて）の解釈に依存している。議論は、いろんな言葉を用いてできるからである。神（イーシュヴアラ）があるのか、ないのか、罪と徳とは何か、人の人生の目的は何か、天国と地獄とは何か等の問題を止めどなく議論をすることができる。しかし、我々はどんな結論にも達することは出来ないだろう。人が言葉を、別々の意味に使うからである。この世界を創り出したある力の存在は、受け入れていても、その力の本質、世界を形作るその目的、その力の限界、人間とその力との関係等についてそれぞれの宗派の考えはまちまちである。魂は

あるのか、ないのかという問題についても、仏教徒はヴェータに基づく宗教（ヒンドゥー教）とは異なっている。何故なら、魂に関して語る時、我々は実際、何に関して語っているのか明確ではない。従って、論議の後、何らかの結論に達することも不可能である。この現状を解決する唯一の方法は、それぞれが別々の意見を持ちながら、すべての宗教、哲学諸流派が、互いに、サーダナ(修行)の道を採り入れて、自らの中に、究極の真理を直接知るための努力をすべきである。

　オームの音声には、なんら意味はない。オームに、何らかの意味を付与するには、努力がいるが、実は無駄である。オームは、一般的な言葉ではなく、一つのプロセスの名前であり、それによって、真理に到達することが出来る。オームを長く、正しい発声（**जाप** ジャーパ ＊または、ジャパ）によって、心を静かに調和させることが出来る。心が鎮まれば、心と言語によって作られている世界も終焉する。我々が住んでいる世界のすべては、心の戯れである。時間と空間のすべての世界は、心と言語の活動に起因する。心と言語が静まれば、我々は、純粋意識を、直接、知ることができる。その純粋意識やブラフマの象徴であるオームは、それに到達する方法である。パタンジャリは、自らのスートラ **तस्य वाचकः प्रणवः ।**「タスヤ　ヴアーチャカハ　プラナヴァハ」（**योग सूत्र** 1-27) の中で、オームは、この世界の究極の存在を示し、さらに、その存在はイーシュヴァラである、と言っている。別の人たちは、その存在を別の名前で呼んでいる。そこに言葉の重要さはない。重要なことは、最高の真理を自分の中で知り、それを取入れることである。オームの発声（**जाप** ジャーパ）は、そのための大きな助けになる。

7. आसन्नं ब्रह्मणस्तस्य तपसामुत्तमं तपः ।
प्रथमं छन्दसाम् अंगम् आहुर्व्याकरणं बुधा ।। (७-११)

　　賢者たちは言う。ブラフマに最も近く、規則の中で最も優れた規則は文法であり、文法はヴェーダの中で最も重要である。

बुधाः आहुः 賢者達は次のように言う、**तस्य ब्रह्मणः** そのブラフマの、**आसन्नं** 近くの、

तपसाम् उत्तमं तपः 全規則の中で最上の、छन्दसाम् प्रथमम् अंगम् ヴェーダの一番目(最も偉大な)の部分、व्याकरणं 文法である

　ブラフマはこの宇宙の根源である。この宇宙の神秘を知ろうとする努力の中で、人はブラフマに到達する。有名な物理学者エルヴィン・シュレディンガーは、物理学で、ノーベル賞を受賞した後に著した
　『わが世界観』(*My View of the World*) の中で、この見える世界の背後には、世界の根源である一つの見えない宇宙意識がある、と書いている。世界のすべての物質と生き物の中にまさに宇宙意識が見てとれるという。シュレディンガーは、ヴェーダーンタの名前を挙げて、物質的な世界の基盤は、宇宙に広がる一つの意識だというヴェーダーンタの考えは、真実であると言っている。この意識こそ、生き物の自身の姿としても現れている。生き物を含めて、この全宇宙はブラフマから生まれた。活動の根源こそブラフマであって、すべては、最後にブラフマの中に溶けてしまう。
　人は、自分の人生において無限の平安と幸せを探求するが、失望し、自分より上の力に加護を求める。そのために、彼は多くのタパをする。各宗教には、様々なタパの行がある。通常、断食、沐浴、巡礼、寺での礼拝などの肉体的な実践がある。時には、沈黙の行もタパの一部である。バルトリハリによれば、この世界の根源の力であるブラフマを獲得するための、最も優れたタパは、文法のタパである。狭義では、文法は言語の正しさを規定する科学である、と考えられている。特に、西洋思想の影響を受けた学者は、文法を、この様に見ている。しかし、インドの伝統では、文法によって、言語の全事象についての考察がなされている。もちろん言語においてどんな手順が正しいのか、どれが正しくないのかは、疑わねばならない。しかし、文法の目的は、言語の全事象について考察することである。この中に、言語の源は何処か、それを知ることも含まれている。人が言語を使うのではなく、言語は、意識の中で勝手に湧いてくる。このことは、自分の内部で僅かにでも感じとれる思慮深い人には、明らかであろう。サーダナによってもし、人が、言語を越えた意識にまで到達できれば、その時、彼は、自分の求めていたブラフマは言語の中にこそ、現われているこ

とが分かるはずである。このように文法の深奥に潜む言語のサーダナによって、人はブラフマまでたどり着く。ヴェーダの知識は大変微妙である。それらを理解する手助けのために、ヴェーダの補助学が作成された。主に次の6つから成る。**शिक्षा**（シクシャー）音韻学、**छंद**（チャンダ）韻律学、**व्याकरण**（ヴァーカラナ）文法学、**निरुक्त**（ニルクタ）語源学、**ज्योतिष्**（天文学・占星術）、**कल्प**（カルパ）祭式・宗教的規範の研究。バルトリハリによれば、ヴェーダのこれらのすべての分野において、文法が最も重要であるという。何故なら、それは、深いレベルで人を直接ブラフマまで導くからである。

　バルトリハリは、文法をタパと言っている。タパは、一般に、肉体的、精神的抑制に導いていくと考えられている。暑さと寒さ、利益と損失、名誉と不名誉等を一様に受け入れること等と、どうして、文法が関係するのか、容易には理解できない。しかし、もし我々が注意深く観察するなら、話したり、考えたりする中で、膨大なエネルギーが消えてしまっていることが分かる。話したり、考えたりすることによって、状況はよくならないことが分かっていても、絶えず話したり、考えたりしている。不必要な話をしたり、考えたりすることが役に立たないことが分かり、言語を越える努力をする時、はじめて言語に関する深い洞察力を得られるであろう。文法、即ち言語の最も深い探求は、遂にブラフマまで到達する。

8. प्राप्त-रूप- विभागायाः यो वाचः परमो रसः ।
यत्तत् पुण्यतमं ज्योतिः तस्य मार्गाऽयमांजसः । (१- १२)

　　**言語の本質は、多くの形に分けられて現れ、言語のプロセス
　　の背後に隠れている最も清浄な光である。文法は、直接そこに
　　到達する道である。**

प्राप्त-रूप - विभागायाः 多くの形に分けられている、**वाचः** 言語の、**यः परमो रसः** 最高の本質であるところの、**यत् तत् पुण्यतमं** 最も清浄な光であるところの、**तस्य** その、**अयम् आंजसः मार्गः** 直接、到達する道

　人間の言語は、多くの姿で表われている。我々が、最初に気がつくこと

は、世界で人間が、かくも多くの言語を話すのか、ということである。それに各言語の多くは方言であり、それぞれの言語には絶えず変化がある。我々は望んでも、ある言語を一つの形に縛ることはできない。その上、各言語は名詞、動詞、形容詞、主格、目的格など多くの文法的なカテゴリーに分けられている。しかし、これら分類の背後に、一つの要素が働いている。それぞれの言語を話す人が、もし自分の言語の根源まで辿るならば、すべて例外なく、すべての言語の中に現れている同じ一つの要素に達するであろう。あらゆる言語の、あらゆる言葉は、あらゆる瞬間、その根源に由来している。我々は、このことを知ってはいない。何故なら、我々は言語の牢獄にいて、言語の根源は何処にあるのか、その言語の囲いの壁から外に出て行く道を探す努力をしていないからである。従って、我々は、言語の中に住み、言語について考えている。このため、我々はどうしても、言語の秘密を理解することができない。何故なら、言語を用いた言語についての思考も、言語の一部分に過ぎないからである。世界中の学者による、言語について書かれた何百という著作は、言語に関するごく浅い考えに過ぎず、言語の深いレベルまでは到達していない。

　言語の最も高い要素は、我々の一般の言語を越えている。各言語の言葉の背後に意味が存在している。この意味に、自身の言葉はない。如何なる言葉であれ、意味は、ある言葉を聞いたり、読んだりした際に、我々の意識の中に生まれるフィーリングである。意味は常に言葉を超えている。言語の言葉の背後に意味のフィーリングの流れがある。意味のレベルにおいて、すべての言語は一つになる。各言語の中で、願望、憎しみ、アハンカーラ、怒り、希望、失望、愛情、嫉妬、不満、恐れなどは、まさに同じフィーリングとして表出する。しかし、フィーリングの表出を示している言葉は、各言語、別々である。世界のすべての人間のフィーリングは同一であって、アフリカに住んでいる人の愛と怒りフィーリングは、ヨーロッパに住んでいる人の愛と怒りのフィーリングと相違はない。フィーリングの流れは言葉より深いレベルで動いていて、言葉の流れを支配している。フィーリングの流れには、我々の支配はない。我々が望んでも、如何なるフィーリングも、自分の中に起こすことは出来ない。フィーリングの流れ自

体が、我々のアハンカーラと心を支配している。このように絶えず、言葉に囲まれて暮らしている人間は、一様に半意識・半囚人のように束縛された状態の中で暮らしている。ところが、自分は完全な意識と完全な自由を持っているかのように感じている。もし、人が自分の中に発生している言語の流れを越えることが出来れば、言語が、彼を越えたある源からやって来ることが分かる。人は自分のアハンカーラと心の影響によって動いている限り、言語から常に、迷いと衝突が生まれてくる。言語を超越した者は、静寂な意識の中に、清浄と光に満ちた根源の存在を、直接、眼前にする。それは、人間と言語、全宇宙の根源である。

　古代インドでは、文法という言葉で言語の全領域の研究に取り組んでいた。この中では、言語に関する用法と正確さや起源などを越えた、サーダナによる言葉の根源の探求も含まれていた。文法の学習によって、我々は宇宙の背後に存在する神聖で光りに満ちた本質にまで到達することができる。それがこの宇宙の創造者であり、支配者である。

原題：**भाषा के विषय में भर्तृहरि के विचार**　2010.1.2 インドでのセミナー　資料
　　　　　　　　　　　　　　2011　**भारत सन्धान** に収録
　　　　　　　　　　　　　　2014.8.17, Rev. 2017.12.17
　　　　　　　　　　　　　　原文：ヒンディー語　真下尊吉　訳

（訳注）バルトリハリの「バーキャパディーヤム」ブラフマ・カーンダから8頌が選ばれているが、各詩句、括弧内の数字は、原文の詩句番号を示している。

補録1 ヨーガと宗教

ヨーガに対する関心は、日に日に、世界中で高まってきており、ヨーガの意味について、より深い研究をなすべき時期がやってきたようであります。そうした方向に無関心ならば、ヨーガの修行者はヨーガの肉体的側面だけに注意を向けることになります。

確かに、ハタ・ヨーガを実習すれば、肉体は大いに改善されます。それがあるので、ヨーガへの関心が世界中にかくもすみやかに広まってきたのです。しかし、ヨーガには、単に人々の肉体的健康を増進すること以上に、さらに深遠なメッセージが含まれているのです。

ヨーガが積極的役割を果たせる最も重要な分野が宗教であります。今日、ヨーガには宗教と共通するものがあるとは、あまり考えられておりません。実際、ヨーガの教師の中には、ヨーガは宗教とは無関係だ、と言うことを強調する人がおります。彼らが、何故そう言うかというと、一般の人達が何らかの新しい宗教を教え込まされるのではないかと考え、尻込みしないように、配慮するからであります。

しかし、これは大きな誤解です。ヨーガはヒンズー教、仏教、キリスト教、回教などの既成宗教と対比できるような種類の宗教ではありません。しかし、ヨーガは、唯一の真の宗教、つまり普遍宗教への道筋を明確に提示しているのであります。

宗教は、人間を神に導き、個人の心に平安、社会に調和をもたらすものと考えられております。しかし、既成宗教は、この面では完全に失敗しております。実際、宗教は世界を分裂に導く最大要因になってしまっております。一部の狂信主義者の強烈な宗教心のために、世界中で流血事件が起こり、社会的安全が常に脅かされていることに、世界中の人々が憂慮しています。

パタンジャリは「**人間の個人意識を完全なる静寂状態に導く、のがヨーガの目指すところ**」　Yogaḥ citta vritti nirodhaḥ　と述べています。ところが、パタンジャリのこの言葉に対して、世人からはあまり、然

るべき注意が与えられていないのは、甚だ残念です。

　Cittaの特性、その働き、さらにcittaの一切の動きが静止した意識状態を見つけることは、極めて大事なことであります。

　この短い時間内で、宗教とヨーガとの間の関係を詳しく述べるわけには行きませんが、世界中の一切の区分けは、落ち着きのない人間の心と言語と言う思考装置により、作り出されたものであるという単純な事実を我々は認めなければなりません。

　現代科学は宇宙にある一切のものが、相互に関係しあっていることを認めています。孤立した別個の存在物などありえません。そのことは個々の人間にも、彼が生涯において為すさまざまな活動についても当てはまります。

　パタンジャリがいうように、ヨーガにおける合一とは、基本的には、自分とは本当に何か、を知るために、個人が自分自身と合一することでありました。個人が自分の真我と合一するということは、個人と神、個人と全宇宙とが合一することでもあります。最も深いヨーガの状態に到達したヨーギ達は等しくこの経験しております。

　宗教の始祖達は、個人意識を宇宙の究極の実相と完全に合一できたのであります。彼等は何か別に新宗教を創始しようと意図したわけではありません。彼等は、人間の男女に対し、究極の真理、即ち、神に至る道を示そうと欲しただけなのであります。

　その追従者が限界ある理解力と彼等の心に巣くっていた恐怖と貪欲のために、さまざまな宗教や宗派を作り出してしまったのです。

　既存の宗教だけでは、人間に対し神に至る確実な道を提示できないのではないでしょうか。ヨーガだけが、人間を神に向かって進めるように導いていけるのです。「心が静寂な状態にある時、神に気づく」という賢者の言葉があります。最も深いレベルにおいて、ヨーガを実習することによって、人間の心は完全に平和になります。頭の中に何の言葉もイメージもない意識状態に没入すれば、人間は宇宙の究極の実相たる神と同調するのであります。

　神は、我々から離れた存在ではありません。それは実に我々の存在

の真髄であります。我々は神の中に生まれ、神の中に生きて、神の中に死んでいくのです。

　我々の内部と周囲に起こっていることは、全て神以外のものはないのであります。この真理を悟る正しい内的な視力を発達させなければなりません。

　ヨーガは、人間を普遍的宗教に導きます。この普遍的宗教は個人とか聖典とか教義とか儀式などに立脚しておりません。普遍的宗教は外部からの介入なくして直接、神に導いてくれます。

　この普遍的宗教の基礎がヨーガにはあるのです。ヨーガの修練者は皆、人生における最高の理想として、内なる神の実現ということを掲げなければなりません。そうすることにより、我々はヨーガに真の意味と目的を与えることができるのであります。

　　　2004年11月　**日本ヨーガ学会全国大会**における挨拶

補録 2 世界の究極的等式　M−L=G（人間−言語＝神）

　インド人の頭脳が生んだ最大の発見は言語に関するものである。人間は自らの考えや感情を表現するために言語を発明したのだという一般的な考え方とは異なり、古代インドの賢者は、普通の人間には自分の言葉や考えを統御できず、自分で思考を止めようとしても頭脳の中には言語がひとりでに湧き出し続けるものだ、ということに注目していた。確かに、人間を上回る高次元の力が人間の心と言語を支配しているのだ。

　言語の働きの一番深い根源に迫ることにより、それらの賢者は、如何なる言語の如何なる言葉も時々刻々ブラフマン即ち宇宙意識に由来することを発見していた。人間も人間の思考作用も、世界と自分自身を知ろうとする人間の努力さらに平和と幸福に対する人間の探求心も宇宙で起きている偉大な事象の連なりに不可欠の一環である。この偉大な事象の不可欠の部分として人間は生まれついている。人間はその繋がりから自分自身を切り離せない。

　言語は文字通り人間と宇宙を創り出している。言語と思考を越えたところには、人間も世界も存在しない。（J.クリシュナムルティは、思考を離れると、考える人もいなくなる、と言うのが常であった。）この状態で人間は宇宙と一体であり、それを宇宙意識の戯れ（リラ）と観じているのが賢者達である。宇宙の究極的実相については、ノーベル物理学賞受賞者アーウィン・シュレジンガーもこの見解を支持している。

　M−L＝Gという等式は、アインシュタインの等式 $E=mc^2$ よりも遥かに偉大である。アインシュタインの等式は自然の働き方を部分的に解明したのみだが、一方 M–L=G は、人間と神と宇宙を含めた全存在の神秘を解明している。

　言語における言葉の部分は、時空的存在である。しかし、言葉の意味の方は、常に時空を超越している。西洋的な言い方をすると、言葉は物質、意味は心であると、言えよう。言語において心と物質は文字通り出会う。

数を意味する言葉だけが正確で不変の意味を具備している。何故なら、数は時空を超越しているあるものに関わっているからである。その他の言葉の意味は、常に曖昧である。精密科学は数で定義された言葉を駆使して始めて展開される。例えば、宗教とか哲学、心理学といった人文科学は常に意見を扱っている。そのような部門では、命題を立証若しくは反証する方法がない。

　神を知るために、人間が為すべきことは、思考作用、即ち頭脳における言葉の不必要な生成を停止すればよい。それは単純至極なことである。宗教は、それが人間の心を平静に保つ限りにおいてのみ、人間に役立つ。さもないと、宗教は、その曖昧な熱狂的教義により、現世界で今起きている如く、混乱と抗争を不可避的にもたらすだけになってしまう。この状況から脱出するための唯一の道は、人間の心の基本的理解に基く普遍的宗教を採用し、人間の心を絶対的な平静と光明の状態に進化するように助けることである。それ以外の道はない。

　神との合一は、絶対的平和、絶対的幸福、絶対的自由を人間にもたらす。その状態において、人間は極めて非利己的な仕方で他者を助けることが出来る。何故なら人間は自分自身のために誰からも何も必要としなくなるからである。

　ヨーガを実践して、三昧の境地に入ると、人間は自分の心と頭脳を非常に平静に保てるので、言葉とか心像が頭の中に湧いてこなくなる。

　パタンジャリが、ヨーガの目的は *citta-vritti-nirodha* 即ち、あらゆる頭脳活動の完全なる停止である、と述べていることの意味が、これである。その状態において、人間の意識は神と宇宙に合一する。ギーターを深く研究すれば、この真理を理解し、実現することが可能になる。これは経験的事実である。各自、自らそれを試みて、それを実証されたい。

補録 3　舞踏王　ナタラージャ

　真ん中で踊るのが、シヴァ、舞踏王ナタラージャです。彼は宇宙意識、神そのものです。彼は宇宙エネルギーを表す火炎の輪に囲まれています。
　我々も含め、世界はシヴァとシャクティ（宇宙エネルギー）の産物又は遊戯であります。シヴァ・ナタラージャは絶えず踊り続け、新しい形の生物と無生物を作り続けています。またシヴァは破壊し続けてもいます。創造と破壊は常に相伴って起こります。
　そこで我々は、生まれた瞬間から変り始めます。我々の中で常に何か新しいものが生まれ、別のものが刻々死んで行きます。我々の外界、我々の肉体、我々の思考、我々の感情の内で永続するものは一つもありません。全てのものが生々流転の中で不断に変化し続けます。
　我々が今保持しているものは全て、遅かれ早かれ我々から取り去られてしまいます。我々は絶えず変り続けて生きることを学ばねばなりません。特定の物や人に愛着を抱くと必ず苦悩がやってきます。
　しかし、我々が自分の内部に没入して、炎の輪、つまりエネルギー発現の内部に突入し、踊り続けるシヴァの心臓に到達できれば、我々は絶対的平和、即ち変ることのない至福の状態を見出すことになります。宇宙意識、即ち *sat–cit–ānanda* は常に同一であり、不変です。　全てのものがその中心から外に現れ、その中心にまた戻ってゆくのです。

我々がその中心に自分を確立したとき、我々は不死を体験し、宇宙と一体になります。自分の存在の中心に到達することが、我々の人生の目標であり、ヨーガはその目標達成の手段なのです。
　シヴァ・ナタラージャには4本の手があります。像の立場から右側前面の手は「汝、恐れることなかれ。我、汝と共にあり」という意味の祈りを込めた印契を示しています。
　右の後ろの手は原初の音、心が完全に静寂になった時に聞こえてくるアナーハタ・ナダーを打ち出す太鼓を持っています。その太鼓は我々に永遠なるメッセージに耳を傾けるよう促しています。
　左の後ろの手には、真実の道を照らし、人生において我々を導いてくれる火が燃えている松明が握られています。
　シヴァの周りにまといつく蛇は、脊椎下部にとぐろを巻いて横たわる隠れた蛇の力・クンダリニーを象徴しています。
　左側の前手はナタラージャの足下の人間を指しています。この人間は自分を忘れてしまった人間『アパスマーラ　プルシャ』*です。
　（*アパは撤去、スマーラはスムリの原型に由来、プルシャは人間で、全体として本性を忘却した人間を表す）
　それが現在の我々の実情です。我々は自分が真実、誰で何なのかを忘れています。我々は自分を独立した存在であると考えています。しかし、我々は宇宙エネルギーの輪の一部分に過ぎず、宇宙が産み出したものです。
　人生における我々の目的は、踊るシヴァ神が我々の中に降臨し、我々の全存在を占拠し、我々の全ての行動、言葉、思考が彼から発するように仕向けてゆくことです。それは完全なる神への帰依を意味します。神との合一の中に、我々は我々の真実の自我、永遠なる平和と幸福と光明と自由を見出すのです。

補録4　病床での気付き

　過去3月間、私はベッドで過ごしました。既にお聞き及びの通り、私は2003年4月24日夕刻、自宅で足を滑らして、左大腿骨を骨折してしまいました。即刻、私はニューデリー市内でも最良の病院の一つに運ばれて、スチール板挿入手術を受け、それから5日後に退院しました。一旦は歩行器を使って歩けるまでになったのです。

　ところが、その数日後、縫合箇所が炎症を起して化膿し、5月20日再入院する羽目になりました。即日、傷口洗浄のために手術を受け、病床に伏すことになりました。そして、2度目の手術から10日経ってから、炎症がまた再発しました。どうやら私の大腿筋肉は新しくやって来たスチール板に拒否反応を示しているようでした。5月30日にまた手術することになり、今度は手術の傷跡を縫合せずに、毎日洗浄し包帯を巻くだけにしました。

　1日2度も洗浄することもありました。けれども、結局、医師達のこの処置が効を奏し、傷口がふさがりました。連続37日間も入院し、6月26日に退院することになりました。

　その後も包帯換えのために、毎日病院に通いました。そして、ようやく傷口が塞がったのが7月7日、抜糸に漕ぎ着けたのが7月21日で、今では歩行器を使い、少しは歩けるまでになりました。

　ただし、長時間立続けたり、座り続けたりする力は、大腿筋肉にまだ戻って来てはおりません。依然として、ベッドに横たわる時間が長くなっています。私の大腿筋肉とスチール板はどうやら、平和共存の道を選び、私が死ぬまで両者は共生することに合意したようです。

　病床での3ヶ月間は私に多くのことを反省する時間を与えてくれました。いろいろなことに遭遇し、私にはさまざまな思念が去来しましたが、その幾つかを次に申し上げたいと思います。

病床で気付いたこと

1. 私はこれまでの生涯において、肉体中心に生きたことはありません。子供の時から頭脳中心、意識もしくはフィーリング中心の生活を送ってきました。しかし、今度の事件は、世の中で役立つためには、もっと自分の肉体に注意を払うべきだ、ということを、私に強く再認識させました。

2. 自分が転んで大腿骨を骨折し、耐え難い苦痛に苛められていた際に、私は自分の肉体に何かが起こったことを明確に、感じることは出来ました。
   しかし、同時にこの激痛の最中にありながら、自分の上部と周囲に宇宙意識の存在を明白に感じ取ることが出来ました。
   これは想像力の作り事ではなく、あくまで現実的な体験でした。その翌日、自分が手術室へ運ばれ、手術台に横たわって、医師による執刀開始を待機している間も、想念の中でしきりに、
   「ナイナム　チンダンティ　シャストラーニ‥」(**魂は決して剣では切れない**)と言うギーターの文句を幾度も繰り返し歌い続けました。
   医師達が自分の肉体にメスを入れようとも、私が四六時中、明確に感じていた魂、宇宙意識は、自分の肉体にどんなことが加えられようとも、少しも影響されずに、あり続けることが分りました。

3. 医師達は、私に脊髄麻酔をしてくれましたので、手術中でも、ある程度意識がありました。
   手術後、回復室に入れられて、2時間ほど観察状態に置かれました。私は、枕から頭を上げて、自分の脚をはっきり見ることが出来ました。しかし、麻酔のため、それを動かすことは全く出来ませんでした。これは奇妙な経験でした。目で見ると、自分の脚は

確かについています。しかし、感触からいっても、動かそうとする意志の観点からいっても、私に脚はありませんでした。脚は自分の所有物ではなかったのです。2時間ほどで、脚に感覚が戻り、それを動かせるようになりました。文字通り、私は自分の脚を再発見したのです。

4. この期間、痛みはいくらか感じていましたが、一瞬も心痛は感じませんでした。苦痛は肉体に関ることです。しかし、心痛はマインドに関ることです。人生において苦痛を経験しながら、心痛に悩まされないこともありうるのです。

5. もし我々が逆境に打ちひしがれることがなければ、逆境なるものは、我々の意識を一段高いレベルに進化させるのに役立ちます。過去3ヶ月の期間は、私に教育的経験を与えてくれました。私の意識は以前にもまして、平穏静寂になり、明晰になりました。

6. この3ヶ月間、私は最も練達した医師達に治療され、有能で親切な看護婦達の世話になりました。幾人かの医師を至近距離から眺めることも出来ました。
そこで判ったのは、極めて特殊な専門分野は別にして、人間的な生活面では、彼らも患者と同じように迷い、困惑していました。彼らの中には、医学は決して正確な科学ではないことをきちんと認める医師もおりました。そして、患者達が発する多くの質問に対する明確な解答を持ち合わせてもいませんでした。
世間なるものは、結局、全く医者不在の病院のようなものではないか、というような印象も持ちました。患者達はお互いに助け合わなくてはならないのです。

7. 私は家族が、非常に大事であることも確認しました。この期間、私の家族は文字通り私の支えとなり、私のそばに居てくれました。私の息子と義理の娘、私の娘と義理の息子、私の兄弟その他の親族、多くの友人達が病床の私に、つきそってくれていました。彼らも多くの苦労をしていたのですが、喜んで私が、病気を克服するために最善のことを常にしてくれました。

8. 家族という制度は、如何なる代償を支払っても維持されなければならないと、私は固く信じております。
家族は無条件の愛と保護がある唯一の場所です。不幸にして家族の絆が全ての地域で次第に弱まってきています。我々はこのことに思いを致し、何か行動しなければなりません。

　この期間、私の日本の友人が善意と物質的支援を送ってきてくれました。その方々に心から感謝しております。
　病床から私は、皆さんと皆さんの家族が健康で幸福で、実りある生活が送れますように、心から祈念しております。

ニューデリー　2003.7.28

補録 5　朗唱マントラ

> 著者は講演や挨拶で、冒頭、次に記す四句のマントラを朗唱するのが常であった。これらのマントラには著者の思想の根拠が秘められているようである。著者から詳しい説明は聞いていないが、著者の思想の理解に役立つと思われる。

1）परमात्मा　यजु 32, 12

ॐ परि द्यावापृथिवी सद्य इत्वा परि लोकान् परि दिशः परि स्वः।
ऋतस्य तन्तुं विततं　विचृत्य तदपश्यत् तदभवत् तदासीत् ॥

परि 周りを द्यावापृथिवी 天と地を, सद्य 素早く इत्वा 行って, दिशः 十方, स्वः 天国 ऋतस्य तन्तुं 真理の糸が विततं 遠く広く विचृत् 展開している तत् अपश्यत् それを眺めた तदभवत् それになった तदासीत् その一部になった

　（究極の真理を求め）探求者は天と地と十方を 巡り、天国も 隈無く廻った。彼は（全ての場所に同じように）リタ（躍動する真理）が遠く広く拡がっているのを眺めた。その真理そのものと成った。そして彼自身 「元からこの真理の一部である」ことを悟った。

2）　आदित्य　यजु् 31, 18

ॐ वेदाहमेतं पुरुषं महान्तम् आदित्यवर्ण　तमसः परस्तात्।
तमेव विदित्वाऽति मृत्युमेति, नान्यः पन्था विद्यते अयनाय॥

वेदाहमेतं 私はこれを知る, आदित्यवर्ण 太陽の輝きを तमसः 暗闇の परस्तात् かなたにある तमेव विदित्वा それだけを知り、अति मृत्युमेति 死に向かって進む、अयनाय 別の पन्था विद्यते 路がある

226

私は、この偉大なプルシャ（パラマートマー）を知っている。彼は暗闇の彼方にあって輝く太陽と同じである。そのことだけを知って、私は死に向かって進む。何か別の他の道があるわけではないのだ。

3) विश्वे देवाः ऋक्   1, 164 , 20

ॐ   द्वा सुपणा सयुजा सखाया समानं वृक्षं परिष्वजाते ।
तयोरन्यः पिप्पलं   स्वादु अत्ति अनश्नन्अन्यः अभिचाकशीति।।

द्वा सुपणा 二羽の美しい翼の鳥が सयुजा 仲間として सखाया 友人として समानं वृक्षं 同じ木で परिष्वजाते 睦み合ている पिप्पलं 特別の木の実 तयोरन्यः そのうちに一羽は स्वादु 美味しそうに अत्ति 食べる अनश्नन् 何も食べず अन्यः 別の一羽は अभिचाकशीति 周りを眺望する

　美しい翼を持った二羽の小鳥が、お互いに仲間として友として、同じ樹木に睦まじく暮らしている。その中の一羽の鳥は、その木の実を美味しそうに食べている。一方、別の一羽は木の実を食べずに、ただ、あたりをじっと見守っている。

4) तैत्ति. उप. 8.4.1

ॐ यतो वाचो निवर्तन्ते अप्राप्य मनसा सह।
आनन्दं ब्रह्मणो विद्वान् न बिभेति कुतश्चन।।

यतः そうしたところから, वाचो निवर्तन्ते 言葉が अप्राप्य मनसा सह 心と共に到達しえない आनन्दं ब्रह्मणो विद्वान् ブラフマンの至福の境地を知る者は न कुतश्चन बिभेति 何処にも恐れるものがない

　言葉とか心では到底到達しえない、ブラフマンの至福の境地を知る者にとって、如何なる恐怖も存在しない。

編訳者　あとがき

　著者アニル・ヴィディヤランカール教授との出会いは、彼が1979年4月、国立教育研究所所管プロジェクトにインド代表として参加した時からである。彼は旧知の間柄のゴーピ・クリシュナ師から、その自伝的著作『クンダリニー』日本語版の刊行予定を確認するように依頼されていたため、日本に到着早々、彼からその本を訳した私に連絡があったのだが、それ以来ずっと交流が続いてきた。

　バラモンの家柄に生まれた著者は、インドの古典的伝統文化を幼少の時代から徹底的に仕込まれた上で、アグラ大学・大学院に進み、哲学、言語学を専攻、さらにニューヨークのコロンビア大学にも留学して教育学を修めた。外国暮らしに慣れていたので、我々は気さくに付き合うことが出来た。彼は父祖伝来の姓を捨て、優等生で卒業の際に授与された称号を姓にしたが、日本人には発音しにくいので、我々の間では、彼をアニル教授と呼ぶようになった。

　彼がコロンビア大学留学中にクンダリニーの覚醒を経験したと聞いてから、我々の間で、教授への関心が高まり、日本滞在中に、教授を囲む会・ＪＦＦＳ（根源探求会）と名付ける会が発足した。

　公務による教授の来日は、1979年から1980年の間に4度にまで及び、いずれも1月以上の滞在だったため、我々の会合もかなりの頻度で開かれた。

　公務を終えて教授が帰国した後、我々の方からインド旅行を企画して、教授宅を訪問することもあったが、そのうち彼は立場上職務多忙になり、日本側でもＪＦＦＳ理事長を務めた佐藤隆一氏が病で倒れ、幹事役だった私も1985年から2年、大連の日中合弁企業に関係して、日本を離れ、ＪＦＦＳの活動は一時沈滞するに至った。ここまでが交流第1期である。

　しかし、1987年春、アニル教授の長男アロク氏が麗澤大学に特待生で入学して状況は変わった。教授は1988年に、連邦政府教育研究所を定年退官すると、サンダハン(Sandhān)活動を日印両国で展開する意志を固めた。ここから交流の第2期に入る。

　アロク氏が89年、学部を卒業して、研究生に採用され大学キャンパス内に住居を与えられると、教授の来日中の食と住の問題が解決し、さらにアロク氏が1990年、日本企業に就職、結婚して川崎に一家を構えると、そこがアニル教授の日本別宅になった。1993年にアロク氏が日本企業を退社して帰国した後も、2007年春までは教授来日中に、ベジタリアンの食事を提供し居住できる環境が

我々の側に確保されていたので、1989年から2007年までの18年間、我々はじっくり腰を落ち着け、アニル教授と親しく交わった。教授は毎年2回、1ヶ月間以上日本に滞在し、関東と関西でセミナーや講演会を開催する一方、我々も機関誌『そよ風』を発行してサンダハン活動を展開した。確かに我々が接し得たのは奥深いインド文化の表面だけだったかも知れないが、その文化を体現した人物を通じて、その源泉に直接触れることができたのは非常に幸いだった。
　第1期の段階では、著者自身の「クンダリニー覚醒」体験や修行者の神秘的能力などの主題が取り上げられ、医師、企業経営者、運命鑑定家などが会合に顔を見せていた。第2期に入ると、教授の姿勢はより明確になり、サンダハンの集まりへの参加者も、ヨーガや修験道、悉曇に関心を示す人々が多くなった。その頃日本で行われていた各種の能力開発セミナーにも教授は関心を示し、日本人にはマインド・コントロールでなく、マインド・デベロップメントが必要であると述べて、教授が完成させていた研究書"*Mind Brain Consciousness*"の要旨を一般人向きのセミナーテキストとしてまとめて我々に渡してくれた。これが本書巻頭に掲げた論考である。ただ、教授の考え方についていきにくいと思われる方は、講演1や2を先ず読んだ後に、そのセミナーテキストを読んで欲しい。麗澤大学での講演を除き、講演2から5までの論説は、他の日本人講師との共同講演会での基調講演である。教授は自説には自信を持っていたが、できるだけ多くの日本人研究者と交流することを切望していた。
　インド思想の理解には、サンスクリットの知識が不可欠だと考えた教授は、幼少の頃から親しんできたサンスクリットを日本人が学習しやすいように工夫した独自の入門書を開発し、読解力を養成しつつ原典講読にも時間を割いた。1999年以降、その成果を2点ほど公刊して来たので、本書には、一番短い般若心経と真下尊吉氏の編訳で言語論講義を収めることにした。
　我々には独自のサンスクリット学習システムもあるし、インド思想を探究する糸口もある。インド思想の原典をともかくこなせるようになった同志も増えてきたので、今後とも地道な日印文化交流が続くことを願っている。
　このような形で、長年にわたる我々の活動の成果をひとまず、まとめることが出来て少し安堵している。今日に至るまでさまざまな形でサンダハンの活動に参加され、支援して下さった多くの方々、ならびに本書の編集と刊行に終始ご尽力頂いた東方出版の今東成人氏に深謝いたします。

　　　　　　　　　　　　　　　　2018年5月30日　　　　　中島　巖

著者　アニル・ヴィディヤランカール　Anil Vidyalankar
1928年インドに生れる。伝統的門弟教育機関グルクラカングリ1950年卒業。1950年〜1958年アグラ大学大学院修了。言語学、哲学専攻。1961年〜1989年インド連邦政府国立教育訓練所勤務、退官時人文・社会学研究部長。1965年コロンビア大学教育学修士、1979年デリー大学哲学博士。1979年〜1981年文部省教育研究所・ユネスコ共催「アジア地域の道徳教育研究」統括議長として報告書作成。
主要著作
　サンダハンの『基本梵英和辞典』1999年共著中島巖・東方出版刊
　『サンダハンの入門サンスクリット』2002年共著中島巖・東方出版刊
　『ギーター・サール』2005年長谷川澄夫訳・東方出版刊
　『ヨーガ・スートラ』2014年中島巖訳・東方出版刊

編訳者　中島　巖　（法名翠巖）
1934年横浜市に生れる。1956年一橋大学経済学部卒、1959年同大学院修士・社会学専攻。1958年NHK放送文化研究所放送学研究室勤務、開発途上国のコミュニケーション研究。その間、パキスタン情報放送省、ブラジル文化省に出向。1975年NHK退職。1980年醍醐派修験道教師、1989年醍醐寺恵印伝法灌頂入壇。以降2017年まで神仏習合道場・柏市豊受稲荷本宮・護摩導師。日本サンダハン主幹
訳書・共著
　デュマズディエ著『余暇文明へ向かって』1972年東京創元社刊
　ゴーピ・クリシュナ著『クンダリニー』1980年平河出版刊
　共著　サンダハンの『基本梵英和辞典』1999年東方出版刊
　共著『サンダハンの入門サンスクリット』2002年東方出版刊
　アニル・ヴィディヤランカール著『ヨーガ・スートラ』2014年・東方出版刊

インド思想との出会い

2018年7月24日　　初版第1刷発行

　　　　　著　者　　A．ヴィディヤランカール
　　　　　編訳者　　中　島　　巖
　　　　　発行者　　稲　川　博　久
　　　　　発行所　　東　方　出　版㈱
　　　　　　　　〒543-0062　大阪市天王寺区逢阪2-3-2
　　　　　　　　　TEL06-6779-9571　FAX06-6779-9573
　　　　　装　幀　　濱　崎　実　幸
　　　　　印刷所　　亜細亜印刷㈱

　　乱丁・落丁本はお取替え致します。　　ISBN978-4-86249-336-1

入門サンスクリット 改訂・増補・縮刷版	A・ヴィディヤーランカール／中島巖	7000円
ヨーガ・スートラ パタンジャリ哲学の精髄 原典・全訳・注釈付	A・ヴィディヤーランカール著 中島巖編訳	3000円
基本梵英和辞典 縮刷版	B&A・ヴィディヤーランカール／中島巖	8000円
サーンキャとヨーガ	真下尊吉	3000円
ハタヨーガからラージャヨーガへ	真下尊吉	1800円
八段階のヨーガ	スワミ・チダーナンダ著／増田喜代美訳	1800円
バガヴァッド・ギーター詳解	藤田晃	4500円
ヨーガ 幸福への12の鍵	スワミ・チダナンダ著／友永淳子訳	1600円

＊表示の値段は消費税を含まない本体価格です。